HAROLD

DE **Victoria**
EN **Victoria**

Conceptos, experiencias y técnicas
sobre la guerra espiritual

BETANIA
Un Sello de Editorial Caribe

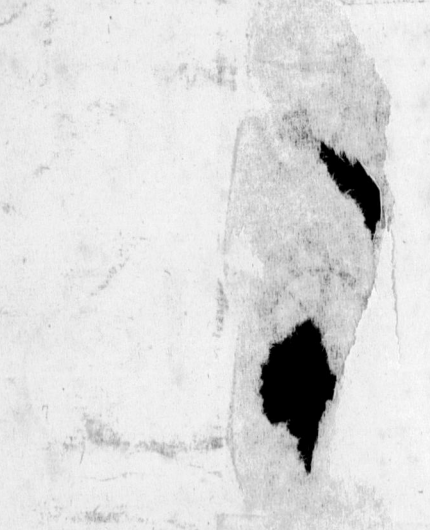

© 1999 CARIBE/BETANIA, Editores
Una división de Thomas Nelson, Inc.
Nashville, TN – Miami, FL

www.editorialcaribe.com
E-mail: editorial@editorialcaribe.com

ISBN: 0-88113-541-0

Reservados todos los derechos.
Prohibida la reproducción total
o parcial de esta obra sin la debida
autorización de los editores.

Impreso en EE.UU.
Printed in U.S.A.

Dedicatoria:

Dedico este libro con gran cariño a mis padres. Su dirección ha sido un faro de luz durante todos los días de mi vida. Estoy agradecido por su amor, inspiración y continuo aliento, pero sobre todo, porque de ellos aprendí el concepto del «amor incondicional».

Contenido

Prólogo... 7
Prefacio 9
Introducción 11

PRIMERA SECCIÓN

Fundamentos bíblicos de la guerra espiritual

1. Cómo aprendí que existe la «guerra espiritual».... 17
2. La descripción del conflicto 39
3. El origen de la «guerra espiritual» 53
4. La participación del hombre en el conflicto 79
5. Los reinos 105

SEGUNDA SECCIÓN

Cómo se realiza la guerra espiritual

6. El desafío..................................... 118
7. El porqué de los problemas 141
8. El diagnóstico................................. 151
9. La tarea de la Iglesia 169
10. Los resultados................................ 197
11. El Ministerio del apóstol San Pablo 209
    Conclusión 219

Prólogo

Estoy persuadido que este libro será de mucha bendición a la Iglesia de Cristo en todo el mundo. El Dr. Harold Caballeros y yo hemos sido amigos por muchos años. Le he visto ministrar, he estado en su iglesia en Guatemala, y le he invitado a hablar a los pastores en mis cruzadas; sus enseñanzas han dejado huellas eternas en los corazones de quienes las escuchan. Hemos hablado por mucho tiempo, he visto su corazón y una cosa sé, que la mano de Dios está sobre él.

La enseñanza que usted recibirá en estas páginas, no es simple teoría, ni un ensayo en busca de una solución mágica. Siempre digo que no se debería enseñar lo que no se vive, este libro tiene en sus páginas años de ministerio, tratos del Señor y vivencia personal.

Este libro es el resultado de:
1. La revelación de Dios a un pastor que sinceramente esta involucrado en la extensión del Reino de Dios.
2. Es estudio sistemático de un hombre que no descansa hasta ver los cambios que se producen cuando el mensaje del evangelio llega a las comunidades.
3. La pasión de un apóstol que ha practicado en su iglesia los principios que menciona en este libro, sembrándolos en muchas partes del mundo, para cosechar cientos de ministros e iglesias transformadas.

Me gusta este libro ya que sus páginas llevan la carga del Señor Jesucristo por las almas perdidas, tienen el mismo sentir por el cual el Hijo de Dios vino: «a buscar y a salvar lo que se había perdido».

Me gusta este libro ya que contiene las estrategias de la guerra espiritual, pero no centrada en sí misma, ni en la oración o la cartografía espiritual, sino que la guerra espiritual, es presentada aquí como una herramienta eficaz para la conquista de los pueblos y naciones para Jesucristo. Ella tiene el potencial de producir un efecto en los cielos que sea palpable y visible en la tierra.

Me gusta este libro ya que nos muestra el enfrentamiento de poderes, desde una sana base bíblica que no se lo subestima ni tampoco sobredimensiona sino es presentado en su justa perspectiva, que debemos enfrentar y podemos vencer al apoderarnos de las provisiones del Señor.

Como evangelista siempre ha constituido mi preocupación los nuevos convertidos, por eso me gusta este libro ya que nos da la respuesta de cómo discipularlos y educarlos para que ellos se involucren en el lugar y tarea del Cuerpo de Cristo.

Es para mí un privilegio recomendar el libro De Victoria en Victoria para todos los cristianos del mundo que tengan una carga en la conquista de las naciones, sé que tanto el libro como su autor son instrumentos del Espíritu Santo escogidos para llevar a cabo su perfecto plan hasta que regrese el maestro.

Mi oración es que Dios le hable al recorrer este escrito.

Carlos Alberto Annacondia
Buenos Aires, Argentina

Prefacio

El tema de la guerra espiritual es un tema bíblico, genuino y de gran importancia. Sin embargo, tal y como ha pasado con otros mensajes que Dios ha encargado a su Iglesia, este tema también es susceptible de ser llevado a los extremos. Hemos sido testigos *de algunos de esos extremos, pero también sabemos que el movimiento de la guerra espiritual ha alcanzado ya* un nivel de madurez y de reconocimiento dentro del Cuerpo de Cristo.

Considero que la guerra espiritual es una herramienta dada por Dios para el evangelismo efectivo, el avivamiento y la transformación de nuestra sociedad.

Las personas que me conocen me han preguntado más de una vez, por qué esperé tanto para publicar este libro. *Para mí constituía una necesidad ver que lo que predicábamos genera resultados, y que los mismos podían ser medidos. Los años que han pasado, han sido muy especiales para la congregación que pastoreo. En todo este tiempo hemos aprendido muchas cosas, pero sobretodo, las hemos puesto en práctica, y hemos sido testigos del poder de Dios*. Hoy sentimos la libertad de presentar nuestra contribución a la Iglesia para la gran tarea de la evangelización del mundo.

Desde la perspectiva de una iglesia local trataremos de dar una descripción equilibrada y práctica, *y sobretodo continuamente respaldada* por la Palabra de Dios. Nuestra brújula será Mateo 13.23: «este es el que oye y entiende la palabra, y da fruto; y produce a *ciento, a sesenta, y a treinta por uno*».

Antes de comenzar, permítame expresar mi agradecimiento a todos los miembros de la congregación El Shaddai. Sin su apoyo incondicional, muchas de las cosas que está por leer, simplemente no hubieran sido posibles. Un millón de gracias a Cecilia, mi esposa por ser la fuente de aliento para este proyecto, y gracias, muchas gracias a mi secretaria Ana María Fernández y a sus hijas Karla y Ana Paola por trabajar una y otra vez en el manuscrito. Gracias.

Harold Caballeros.

Introducción

Debido a la relación tan particular que se da entre el escritor y el lector de un libro, tenemos hoy la oportunidad de iniciar un viaje que nos conducirá por la Santa Escritura. Nos llevará por los cielos y la tierra. Nos transportará a un mundo de ideas y conceptos que posiblemente no habíamos examinado, y sobre todo, nos presentará la realidad cotidiana desde una perspectiva distinta. Puedo asegurarle que nuestro enfoque acerca del evangelismo cambiará drásticamente. Incluso la idea general que tenemos de la vida cristiana sufrirá cambios cuando el Señor revele a nuestros corazones cuál es su propósito eterno para la Iglesia. En realidad este libro constituye un monumento al amor de Dios, y a su inmensa misericordia al darnos a conocer la revelación de lo que significa ser sus «colaboradores».

He escrito este libro después de varios años de estudiar el tema de la guerra espiritual. He pasado muchas horas estudiando, enseñando y practicando los principios de batalla espiritual que encontrará en estas páginas. He sido testigo, junto a la congregación que pastoreo, de grandes milagros de Dios, que se han dado como un resultado directo de la guerra espiritual. Tal y como le mostraré más adelante, he visto a Dios realizar el milagro de tomar una ciudad entera, transformándola totalmente, a través de la aplicación de estos principios. Citaré como caso de estudio el ejemplo de Almolonga, la «ciudad milagro» que se ha convertido en un modelo de lo que la oración de guerra puede hacer en un territorio, cuando la Iglesia actúa. He llegado a comprender que la guerra espiritual es un elemento clave para que venga el «avivamiento». He comprobado que la guerra espiritual puede producir en una iglesia local los resultados que todos los pastores deseamos. Mientras escribo estas líneas, nuestra iglesia alcanza el promedio de doscientas personas nacidas de nuevo cada semana.

Mi experiencia personal demuestra que es necesario el ejercicio simultáneo de la batalla espiritual en los tres niveles, como los definiera el Dr. Peter Wagner. La iglesia debe contar con un plan claro y definido en cuanto al ministerio de liberación (1er. nivel), una estrategia permanente en cuanto al ocultismo (2do nivel), y por supuesto, la guerra espiritual a nivel estratégico (3er. nivel). He comprobado que a veces, se trata de enfatizar el tercer nivel, sin ocuparse debidamente de los dos niveles inferiores. Como verá en el capítulo 11 la Biblia demuestra que el apóstol San Pablo batalló en los tres niveles al mismo tiempo, con evidentes resultados.

La oración de guerra, aunada a la demolición de fortalezas y los actos proféticos, puede verdaderamente entregar ciudades, territorios y aun naciones enteras en las manos de aquellos creyentes que están dispuestos a luchar por lo que legalmente le pertenece a Cristo. He visto a Dios efectuar profundos cambios en mi país. Le vi darnos un presidente cristiano como resultado de la oración y el ayuno de multitud de guatemaltecos y el día de hoy mis compatriotas son testigos del progreso y la bendición que tenemos. Es conocido que en Guatemala el número de creyentes ya rebasa el cuarenta por ciento de la población. Personalmente creo que la bendición del evangelismo se debe a los cielos abiertos de que gozamos, como resultado de la «intercesión profética».

Soy un testigo totalmente persuadido de que la «oración intercesora» es la manera de cambiar la historia. La forma de afectar nuestras naciones y recobrar el terreno perdido, para heredar a nuestros hijos una tierra «redimida» para Cristo.

Creo con todo mi corazón que la guerra espiritual es nada más un nombre, una corriente, una novedad si usted quiere, que Dios ha usado en este tiempo para regresarnos a su plan original, enseñándonos lo que Él espera de su Iglesia.

Es mi deseo presentar en estas páginas una perspectiva de la guerra espiritual desde el punto de vista del pastor de una iglesia local. Trataré de mostrarle nuestras conclusiones, nuestros errores y nuestros logros. Partiendo de la base bíblica, me esforzaré para ilustrar cada punto con ejemplos de lo que hemos vivido. Estoy convencido de que no basta con la teoría, sino que se hace necesaria también la aplicación práctica de los conceptos. Además, siempre procuro que nuestros resultados, además de tangibles, sean susceptibles de ser medidos. Solo así sabremos si estamos produciendo fruto para el Reino de Dios. Por otro lado, pretendo presentarle una visión de la guerra espiritual que llamo «integral», es decir que incluye un estudio desde tres puntos de vista, los cuales constituyen las tres partes del ser humano: espíritu, alma y cuerpo. Esto nos ayudará a enunciar una estrategia global de la guerra espiritual, que tenga como resultado una transformación en todas las áreas de nuestra sociedad.

Además de lo anterior, me auxiliaré continuamente de diagramas e ilustraciones que me ayuden a explicar los conceptos que planeo transmitirle, y que le puedan ayudar, si decide enseñárselos a otros. Los que me han visto enseñar, saben que siempre me gusta usar gráficas y que frecuentemente uso sinónimos. Todo ello con el fin de hacerme entender de la mejor forma posible. Todo mi pensamiento a este respecto está dominado por el principio que nuestro Señor Jesucristo enunció en el Evangelio según San Mateo 13.23, que dice: «Más el que fue sembrado en buena tierra, éste es el que oye y entiende la palabra, y da fruto; y produce a ciento, a sesenta y a treinta por uno». Es decir, que no basta con oír, sino que se hace necesario entender, si es que se quiere producir fruto para Él.

Soy un pastor totalmente convencido de la utilidad del mensaje de la guerra espiritual, como un mensaje que afecta nuestra vida, porque nos hace conscientes de la realidad espiritual que nos rodea. Mucho se ha hablado de la cosmovisión occidental, la manera que tienen las culturas occidentales de percibir el mundo espiritual. Se dice que esta particular mentalidad nos priva de reconocer el efecto del mundo espiritual sobre nuestras vidas, y la vida de la sociedad en la cual vivimos. Si bien los latinoamericanos estamos un tanto más abiertos a las realidades espirituales, también es cierto que no hemos reconocido que las raíces de muchos de nuestros problemas sociales son esencialmente espirituales. Trataré de demostrarle que el mensaje de guerra espiritual incluye la responsabilidad que tenemos todos, como parte del cuerpo de Cristo en la tierra en la solución de los problemas de nuestra comunidad.

Oro a Dios que el Espíritu Santo venga sobre usted, y que la unción del Santo haga producir esos frutos en su iglesia, en su ciudad, y en su nación, pero sobretodo en su vida. Y, que mientras lee los conceptos vertidos en este libro, se armará del conocimiento y de las armas que necesita para ejecutar la victoria que Cristo ya obtuvo sobre el diablo. Oro a Dios que este viaje que ahora emprendemos juntos, sea muy productivo para usted. Y, por último, deseo añadir que le estoy muy agradecido por acompañarme.

PRIMERA SECCIÓN

Fundamentos bíblicos de la guerra espiritual

En esta sección estudiaremos la naturaleza del conflicto llamado guerra espiritual, su origen, sus características y, sobretodo, el papel que juega el creyente en este conflicto.

Especial atención se le otorga a la descripción de los reinos y sus características. Por así decirlo, esta sección nos ofrecerá la «teoría» sobre la cual descansa la práctica de la oración de guerra.

1

Cómo aprendí que existe la «guerra espiritual»

Porque las cosas invisibles de Él, su eterno poder y deidad, se hacen claramente visibles desde la creación del mundo, siendo entendidas por medio de las cosas hechas, de modo que no tienen excusa.

Romanos 1.20

Nuestra iglesia local contaba con unos trescientos cincuenta miembros. Todo parecía marchar bien. Recientemente habíamos negociado un terreno, y nos disponíamos a construir nuestro «primer» templo. En realidad todo lo relacionado con la compra había sido un milagro. El terreno estaba localizado en una de las principales avenidas de la ciudad lo cual lo hacía muy valioso. El propietario aceptó venderlo, y nos dio la oportunidad de mudarnos, a pesar de haberle entregado solamente el equivalente al uno por ciento del valor, y además nos otorgó ocho meses de plazo para dar el primer pago. En ese momento todo parecía prometedor para nosotros. Estábamos construyendo el templo y esforzándonos para poder cumplir con los pagos prefijados. En realidad, cada mes era un absoluto milagro. Al cabo de los ocho meses con gran esfuerzo realizamos el primer pago, tal y como estaba previsto. La siguiente meta era cumplir ocho meses después con un segundo pago, el que nos daría derecho a hacer la escritura de compra. Pero dos o tres meses más tarde sucedió algo que ciertamente no esperábamos. El dueño del terreno llegó a visitarme y me explicó que unas personas deseaban comprarle «nuestro» terreno por una cantidad mucho mayor de lo que habíamos acordado, y al contado. Sin embargo, añadió: «Soy un hombre de palabra, y no voy a romper el pacto que ya hicimos. Pero, le ruego que consiga el resto del dinero y me pague a la mayor brevedad». Después de reponernos del susto, comenzamos a orar y clamar a Dios por su ayuda. Él nos llenó de favor y obtuvimos un préstamo hipotecario en un banco. Sin embargo, un año después nuestros problemas se agravaron. La situación económica había variado en todo el país. Los intereses bancarios habían subido, y nosotros nos quedamos con un edificio inconcluso, sin piso, sin paredes. Solamente techo y columnas. Como si esto fuera poco, ahora el banco nos pedía un abono a capital mucho más alto de lo esperado. Así se comenzaron a acumular nuestras cuentas por pagar.

Mientras nuestras necesidades económicas subían, se volvió inevitable transmitirle esa misma presión a la congregación, y para nuestro desmayo, comenzamos a ver a muchas familias abandonar la iglesia. Descendimos de trescientos cincuenta a doscientos ochenta miembros.

Se trató de un tiempo muy difícil, y quizá lo peor era lo que estaba pasando dentro de mi corazón. Hacíamos todo lo que sabíamos hacer. Orar, ayunar, creer y confesar pero nada ocurría. Muchas veces me encontré llorando, tratando de hallar una respuesta. ¿Por qué Dios no nos escuchaba? Y, si

Él nos escuchaba, ¿por qué no nos respondía? No puedo describir con palabras lo que estaba viviendo. Había algo dentro de mí que estaba muriendo.

Una y otra vez oraba (y lloraba) diciendo: «Dios, ¿Por qué no nos ayudas? Necesitamos este dinero para tu iglesia». Pero no parecía haber respuesta. Yo estaba a un paso de la desesperación. Francamente necesitaba una intervención de Dios pronto. Poco sabía yo qué tan pronto iba Él a responderme.

Lo invisible se manifiesta

Un sábado por la mañana, aprovechando que las oficinas de la iglesia estaban vacías, y que yo quería estar a solas, me arrodillé a orar apoyado sobre un taburete de mi despacho. Debo ser sincero. En esos días lo que hacía era más llorar que orar. Estaba orando cuando de repente sucedió algo absolutamente impresionante. Si se trataba de una visión, o algo que estaba sucediendo de alguna manera en el mundo espiritual, no puedo precisarlo. Lo que si puedo asegurarle es que lo que viví en los próximos momentos fue absolutamente real para mí. Estaba yo sumergido en la oración, cuando de repente el taburete sobre el cual estaba yo reclinado, comenzó a elevarse, y de pronto desapareció. En lugar del taburete, había una enorme serpiente enroscada de color blanco. Lucía enfurecida y sus ojos me miraban fijamente. Recuerdo como si fuera ayer, su mirada fija, amenazadora. Sus ojos eran rojos, profundos, y estaban cargados de odio. Me pareció como si hubiera estado dormida, y ahora llena de ira porque alguien había venido a molestarla. Por supuesto ese alguien era yo, y en ese momento estaba temblando de miedo. Literalmente temblando. Mi primera intención fue salir de inmediato y buscar ayuda. Si bien es cierto que en mi trabajo como pastor había participado en liberaciones, y visto manifestaciones demoníacas, nada se comparaba con algo como lo que en ese momento estaba viviendo.

Sin dejar de prestar atención a la serpiente, calculé a toda velocidad cuántos pasos había hasta la puerta. ¿Me daría tiempo a salir? Quería correr, huir. Estaba confundido y asustado. Me volví hacia la entrada y me encontraba a pocos pasos de ella, cuando algo comenzó a suceder dentro de mí. De mi pecho salió de pronto una voz con poder, con autoridad. Era la voz del Señor Jesucristo, que dijo: «¿Acaso no es suficiente mi nombre? ¿Acaso no te basta con la autoridad de mi nombre?» De pronto entendí que no me sería permitido buscar ayuda. Pero al mismo tiempo no estaba solo. Él estaba conmigo.

En ese instante se hizo real en mi corazón el pasaje que dice: «Hijitos, vosotros sois de Dios, y lo habéis vencido; porque mayor es el que está en vosotros que el que está en el mundo» (1 Juan 4.4). Regresé pues hacia donde se encontraba esa culebra. Era en realidad grande. De unos diez metros de largo y unos veinte centímetros de diámetro.

Al ver sus ojos me percaté de que no había temor en ella. Absolutamente nada de temor. Mientras temblaba comencé a reprenderla en el nombre de Jesucristo, a echarla fuera de aquel lugar, mientras que en mi mente, se agolpaba un sin número de preguntas. ¿Estaba yo imaginando lo que sucedía? ¿Era algo real lo que estaba yo viviendo? ¿Qué significaba todo aquello? ¿Cómo había llegado esa serpiente a ese lugar? Creció la intensidad de la batalla, y noté como la Palabra de Dios, que salía de mis labios, y el nombre de Jesús comenzaban a llenarme de fe. En un instante determinado observé sus ojos y noté que ya no mostraba la misma seguridad. Me percaté de que lo que ella perdía de seguridad, lo ganaba yo. Inesperadamente pude sentir que el miedo había desaparecido de mí, y en cambio, ella empezaba a desenroscarse. La lucha era cada vez más encarnizada, y de pronto vi el temor en sus ojos. Yo estaba obteniendo la victoria. Más tarde aprendería que yo solamente estaba aplicando, ejecutando la victoria de Jesucristo sobre todo principado y potestad. La serpiente retrocedió y de repente, atravesando la pared, salió a la calle. Para mi enorme sorpresa yo también atravesé la pared y nos encontramos en plena sexta avenida. Yo la perseguía, reprendiéndole en el nombre de Jesucristo. Le ordenaba con toda autoridad que huyera. Y eso es exactamente lo que hizo. La perseguí varias cuadras, y cada vez se arrastraba con mayor velocidad, huyendo espantada.

Cuando la visión terminó, me quedé en mi oficina por un largo rato, preguntándome qué significaría la experiencia que acababa de tener. Tenía clara una cosa. Había obtenido una victoria, pero ¿sobre qué?

Al día siguiente, domingo, narré durante mi predicación lo que había sucedido, aunque yo mismo no tenía todavía una explicación. Lo que siguió fue extraordinario.

Un hermano de la iglesia llamado Mario Roberto fue a visitar a la familia de su hermana Carolina, quienes no habían asistido ese domingo al culto. Al contarles lo que yo había dicho, Carolina comenzó a llorar sin poder contenerse. Su esposo y Mario Roberto, afligidos le preguntaron qué pasaba. Ella les dijo: «He tenido una visión ahora mismo en la que he visto al pastor Harold sacando y persiguiendo a esa culebra por la sexta avenida hasta el final. Pero al llegar la culebra y reunirse con su madre, ya no parecía grande. Ni siquiera parecía una culebra, sino más bien una lombriz. La madre; esa sí era realmente grande».

Como si esto fuera poco, el mismo domingo mientras uno de nuestros pastores almorzaba con la familia de su esposa, les comentó lo que me había ocurrido. Su suegro se interesó y comenzó a hacer preguntas; casualmente él había trabajado en ese preciso lugar y conocía la casa donde ahora nosotros teníamos las oficinas de la iglesia. El suegro de Oscar describió el lugar con exactitud y añadió: «No me sorprende lo que pasó porque justo allí donde el pastor tiene el taburete, es donde se guardaban grandes cantidades de dinero, en una caja de seguridad». Y continuó describiendo unos hechos trágicos sucedidos en ese lugar, que tenían como denominador común el dinero.

Todo aquello comenzó a cobrar sentido. De alguna manera esta serpiente era un ser que representaba a una entidad espiritual que parecía ser «la guardiana» del dinero. En un abrir y cerrar de ojos las inquietudes que estaban haciendo tanto daño a mi fe fueron disipadas. Los versículos 12 y 13 del capítulo 10 del libro de Daniel parecían resonar dentro de mi mente.

«Entonces me dijo: Daniel, no temas: Porque desde el primer día que dispusiste tu corazón a entender y a humillarte en la presencia de tu Dios, fueron oídas tus palabras; y a causa de tus palabras yo he venido. Más el príncipe del reino de Persia se me opuso durante veintiún días; pero he aquí Miguel, uno de los principales príncipes, vino para ayudarme, y quedé allí con los reyes de Persia».

En un instante recibí la respuesta que habría de producir un gran efecto en mi vida. El mensaje es muy sencillo, pero profundo, y lo enuncio de esta forma: Dios es un Dios de bendición (3 Juan 2), que desea tu salud y tu prosperidad. Dios es un Dios que contesta las oraciones de sus hijos (Mateo 7.7). Pero, esas respuestas, esas bendiciones, pueden encontrar resistencia y oposición, como lo ilustra el caso de Daniel. Esa oposición puede y debe ser vencida a través de la oración y el ayuno. En otras palabras; tenemos una función muy activa para la obtención de nuestras bendiciones. Si no recibimos la respuesta a nuestras oraciones, no es porque Dios no quiera dárnosla, sino que hay un enemigo, invisible, que quiere impedir que la recibamos, un enemigo al que *es posible* vencer.

Este principio estaba destinado a abrir nuestro entendimiento y llevarnos a la victoria. Pronto aprendí a aplicarlo en cada esfera de nuestras vidas. Dios desea que la iglesia crezca. Dios desea que sus hijos tengan abundancia y bendición. Él quiere que los matrimonios sean felices, y que la nación tenga paz y prosperidad. Cuando no estamos viviendo en esta victoria, no debemos atribuir la culpa a Dios. Tampoco debemos dejar decaer nuestra fe en la oración, pensando que Dios contesta solamente «a veces». Aunque le parezca extraño hay muchos creyentes que no han desarrollado fe en la oración porque no han comprendido este principio. Dios contesta la oración siempre. (Mateo 7.7-8; Mateo 21.22). Si nosotros no vemos la manifestación de esa respuesta, la responsabilidad no es de Dios. Seguramente Él ya la envió. Pero, muchas veces, al mismo tiempo que Dios envía la bendición, el diablo destaca fuerzas de las tinieblas para impedir que nosotros la recibamos. Ahora la responsabilidad recae sobre nosotros, a quienes Dios ha dado autoridad sobre toda fuerza del enemigo (Lucas 10.19; Efesios 3.20).

En cuanto a las armas para vencer la oposición, la Palabra de Dios y el nombre de Jesús constituyen el instrumento de la victoria.

La manifestación de la respuesta de Dios

Los días que siguieron fueron de particular aprendizaje. La presión económica había sido tal que estábamos totalmente agobiados, y luego de consultar al Señor decidimos vender el terreno para salir de la deuda. Habían pasado menos de dos años de la negociación del terreno y las condiciones económicas nacionales no nos favorecían, así que nos imaginamos que lo mejor que podríamos hacer era vender la propiedad al mismo precio que la habíamos adquirido. Nos llevaríamos nuestra estructura metálica, y comenzaríamos de nuevo en otro lugar. Pero Dios tenía un plan diferente y mucho mejor. Ya el obstáculo había sido removido.

Para ese entonces la deuda se había incrementado debido al alza de los intereses bancarios y a distintos gastos que debíamos asumir. Contrario a lo que pensé, no tuvimos un gran número de interesados en la compra, pero había una empresa interesada, y acordamos una reunión con sus representantes para el siguiente jueves por la mañana.

El miércoles por la noche, durante nuestro servicio regular, sucedió algo inesperado. Fuimos visitados por un agente de bienes raíces que quería la oportunidad de promover la venta de nuestra propiedad. Lo rechacé desde el principio pensando que no podíamos darnos el lujo de pagar una comisión de venta. Sin embargo ese hombre insistió una y otra vez. Tanto así, que decidió llamarme de nuevo a mi casa esa misma noche. Durante la conversación, y en su afán de convencerme dijo: «Yo podría vender ese terreno en un buen precio», a lo que respondí: ¿Cuánto es un buen precio? Su respuesta me produjo un gran impacto. Según él, el valor adecuado era exactamente el doble del monto que nosotros esperábamos recibir.

Quisiera rogarle, apreciado lector, que se ponga por un momento en mi lugar. Las noticias eran demasiado buenas para el estado en el que nosotros nos encontrábamos. Así que terminé la conversación con la misma negativa del principio. Pero más tarde, no podía dejar de pensar en esa cantidad. Llamé a un hermano que me acompañaría al día siguiente y le conté lo ocurrido. Acordamos reunirnos más temprano para orar. Cuando llegaron los interesados la reunión transcurrió normalmente, hasta que llegó el momento de la pregunta esperada: ¿Cuánto quieren por la propiedad, pastor? Y, sorprendido, escuché como salía la voz de mi boca diciendo exactamente el doble del monto que originalmente esperábamos. Después de un instante de silencio, el posible comprador exclamó: «Estoy absolutamente de acuerdo, pastor. ¿Cómo quiere que se lo paguemos?» Si usted pensó que casi me caigo de la silla, acertó. Eso es exactamente lo que viví.

Debo confesarle que, con tantas emociones, me llevó unos días percatarme de que los hechos acontecidos no estaban aislados, sino más bien se trataba de una relación de causa-efecto. Las finanzas del Ministerio ciertamente habían experimentado una «liberación». Tal parece que la expulsión de esa serpiente «guardiana del dinero» y la liberación de las finanzas estaban ligadas. El demonio que impedía que recibiéramos nuestra provisión sobrenatural había sido vencido en la primera de muchas «batallas espirituales» que vendrían más adelante.

Es interesante reconocer que en nuestro caso, las más grandes lecciones, y las más grandes batallas han estado unidas a los terrenos, que como ministerio hemos adquirido. Así que avancemos en el tiempo y acompáñeme a la próxima tierra que el Señor nos dio.

Teníamos la emoción propia de quienes han obtenido un milagro extraordinario. Debido a la intervención directa de Dios habíamos podido comprar otra propiedad. Debo añadir, para su gloria, que este segundo terreno era doce veces mayor que el anterior. Las medidas eran verdaderamente extraordinarias. Doscientos metros de frente por ciento cincuenta de fondo. En realidad se trataba de una mansión, con mucho terreno libre. La casa es tan grande, que con unas modificaciones nos ha permitido albergar el Colegio Cristiano Bilingüe El Shaddai, que al día de hoy tiene unos quinientos alumnos. Y en el terreno, calculamos nosotros, nos cabría un gran templo y estacionamiento con capacidad para centenares de automóviles, y todo esto localizado en plena ciudad.

Todo lo relativo a la compra y el pago fue absolutamente sobrenatural. Dios nos dio favor con el propietario, de manera que compraríamos la primera parte, y al mismo tiempo alquilaríamos el resto. Entenderá usted que no deseábamos volver a incurrir en una deuda. Me gustaría tener el espacio para contarle todo lo que sucedió, pero me temo que se desvía del tema que hoy nos ocupa.

Consultamos a Dios y diseñamos un plan conforme a sus palabras. Usaríamos las instalaciones existentes y, a modo de Santuario, levantaríamos una carpa siguiendo las instrucciones que Él nos dio. Permaneceríamos en la carpa el tiempo necesario para pagar el terreno y posteriormente, construiríamos un templo. Como se imaginará a estas alturas yo rebosaba de felicidad y energía. Según todos nosotros, el terrible episodio de la serpiente blanca estaba superado. Fuera lo que fuera, estaba enterrado en el pasado. Eso era lo que creíamos, pero, ¡cuán lejos estábamos de la realidad!

Aparece la serpiente madre

Viajé a Oklahoma, Estados Unidos para comprar la carpa, mientras que en Guatemala, se hacían los preparativos para su instalación. Los hermanos de la iglesia, con el entusiasmo y cariño de siempre se dispusieron a trabajar, y uno de ellos nos prestó un tractor para nivelar la tierra donde se colocaría una plataforma de concreto que nos serviría de piso en la carpa. El fabricante nos había enviado las instrucciones relativas a todo lo que necesitábamos. Todo era emoción; cuando de pronto, el tractorista se encontró con un problema. Como era la temporada de lluvia en Guatemala, la tierra estaba muy húmeda y el trabajo del tractor se complicaba. Nuestro terreno presentaba en la parte trasera un pequeño monte. Se trataba de un promontorio de tierra que sin duda ocupaba un espacio que tarde o temprano nos sería necesario. Así que el tractor, para no perder tiempo, mientras la tierra se secaba lo suficiente para seguir trabajando, se dirigió a ese promontorio de tierra para removerlo.

Cuando regresé del viaje, me encontré con una noticia totalmente inesperada. Se me informó que las autoridades nos habían suspendido la obra. De hecho, nos habían prohibido seguir adelante debido a un problema cuya naturaleza realmente no entendíamos. Teníamos un citatorio para comparecer ante las autoridades del Instituto de Antropología e Historia y eso es exactamente lo que hicimos.

Al llegar, el lunes por la mañana, encontramos un clima de molestia y hasta hostilidad. Cuando preguntamos la razón del citatorio, la respuesta fue sorprendente. «Ustedes están dañando un monumento nacional, un monumento precolombino». Prácticamente no podíamos dar crédito a nuestros oídos. Tardé un momento en asimilarlo. No tenía la menor idea de que pudiera haber un monumento precolombino en esa parte de la ciudad. Sí, todos sabíamos de la existencia de ruinas en el otro extremo de la ciudad, pero estas quedan a más de veinte kilómetros de donde nos encontrábamos.

Todavía sorprendidos con lo que se nos había dicho, preguntamos de qué monumento se trataba y la respuesta no se hizo esperar: «Se trata de "El gran montículo de la culebra del Valle de Guatemala"».

¿El gran montículo de la culebra? El lector se imaginará la impresión que esta respuesta hizo en nosotros. De manera que el promontorio de tierra que pasaba detrás de nuestra propiedad era ¿Un monumento nacional? ¿Una culebra? Una serie de pensamientos comenzaron a agolparse en mi mente. Era como un rompecabezas que estaba comenzando a tomar forma. De alguna manera mi mente relacionaba lo que estaba oyendo con la experiencia de la serpiente blanca.

¿Habría alguna relación? ¿Sería esta realmente la segunda parte de la revelación, conforme a la visión de Carolina? Yo estaba totalmente dispuesto a llegar al fondo de este asunto. El mismo día organizamos un grupo de personas que me asistirían en todo este caminar. Poco sabíamos nosotros que en realidad estábamos dando nuestros primeros pasos de cartografía espiritual, y que con el tiempo, ellos se convertirían en lo que ahora es nuestro grupo más experimentado y también más cercano de intercesores.

Nuestro primer paso consistió en recabar toda la información disponible en las bibliotecas y librerías. Yo no me imaginaba el efecto tan grande que estos hechos tendrían en nuestra vida, en nuestro ministerio y, sobre todo, en nuestro país.

Leímos una gran cantidad de libros, visitamos Centros de Investigación, sostuvimos entrevistas con los expertos, y así nos enteramos de que existía una obra específica sobre el tema.[1] La entrevista con su autor nos brindó un gran caudal de conocimiento. Ahora sabíamos que el montículo de la culebra fue hecho a mano unos doscientos años antes de Cristo, que está construido en forma de pirámide alargada y

---

1. Carlos Navarrete y Luis Luján Muñoz, *El gran montículo de la culebra en el Valle de Guatemala*, Universidad Nacional Autónoma de México, Academia de Geografía e Historia de Guatemala, 1986.

que sus constructores fueron los indígenas que poblaron por primera vez estas tierras. Sus medidas son impresionantes. Tiene treinta metros de ancho, quince metros de alto y aún al día de hoy, con todo el crecimiento de la ciudad, tiene más de cuatro kilómetros de largo. Se piensa que originalmente tenía veintidós kilómetros de largo. Pero lo más sorprendente, es el hecho de que semejante estructura haya pasado desapercibida para la población de la ciudad.

Para que usted se haga una idea de la sutileza del enemigo y de la importancia de que estas cosas sean descubiertas y tratadas espiritualmente en forma debida, le diré que este montículo estuvo totalmente escondido por siglos. Y solo fue descubierto hasta hace apenas un poco más de treinta años. Suena absolutamente inverosímil, pero esa es la verdad. Resulta que en la época de la colonia, se construyó un acueducto para transportar agua, y al constructor le pareció útil colocar el acueducto sobre el lomo de la culebra. Donde la estructura precolombina presentaba cortes, el fontanero real levantó arcos coloniales para el acueducto. De esta manera, por muchos años se pensó que este promontorio era solo una cubierta artificial de tierra puesta para reforzar y proteger los arcos de la estructura colonial, debido a los frecuentes terremotos que han azotado estas regiones.[2]

Día tras día obteníamos más información, y cada noche orábamos a Dios preguntándonos qué sería todo eso y a dónde nos conduciría. Prácticamente se habían respondido todas nuestras interrogantes, pero había algo que seguía inquietándome. En realidad se trataba de la pregunta más importante. ¿Para qué había sido construido el montículo? A este respecto, no encontramos más que la siguiente expresión, la cual le dio todo un nuevo rumbo a nuestra investigación: Se construyó para usos «ceremoniales». La palabra «ceremoniales» encontró en mi mente a la palabra idolatría, y me propuse saber más de esa culebra a la que habían

---

2. Obra citada de Navarrete y Luján Muñoz.

dedicado tanto esfuerzo en el pasado. ¿De qué o de quién se trataría?

Pronto obtendríamos respuesta a esta inquietud. Me resulta difícil detallar todos los autores que leímos, así como las personas que entrevistamos en ese tiempo. Pero baste decir que pronto, nos topamos con la figura adorada por todas, o casi todas las culturas precolombinas de América Latina: Quetzalcóatl, la serpiente voladora.

El encuentro con el dios de las culturas precolombinas

Aprendimos que las principales culturas americanas, los Mayas, los Aztecas y los Incas tenían como un denominador común el culto a la serpiente emplumada o serpiente voladora. La que en Mesoamérica se llamaba Quetzalcóatl, Kukulcán o Gucumatz, en América del Sur recibía el nombre de Viracocha.

Como quien intuye que lo que está haciendo es importante, nos movíamos con suma rapidez. Pasamos de una conclusión a otra, con la clara sensación de que nos estaba guiando el Espíritu Santo. Hubo pistas naturales, algunas intelectuales, y por supuesto una y otra vez fue la Palabra la que nos daba la dirección a seguir.

Para alguien que nunca antes se había cuestionado acerca de la influencia de los principados y potestades, constituyó un gran impacto ver cómo Dios iba descubriendo el velo que les escondía. A pesar de estar estudiando a un dios que correspondía a una cultura antigua, teníamos la clara consciencia de que se trataba de algo que permanecía vivo y activo. Parecía que Dios nos iba abriendo el entendimiento para que nuestros ojos pudieran ver lo invisible. Aún hoy nos parece absolutamente providencial cómo Dios puso toda esa información delante de nosotros.

Mientras realizábamos nuestra investigación sobre ese dios adorado por culturas antiguas, nos dimos cuenta que para un resultado integral y completo, se hacía necesario un enfoque que cubriera varias perspectivas. Debíamos considerar la existencia de monumentos, vestigios arqueológicos, y sitios claves que se hacía imprescindible visitar. Así que emprendimos estas tareas con total compromiso. Además de leer una gran cantidad de libros, entrevistamos a autoridades del mundo de la antropología, arqueología, historia y geografía. No escatimamos esfuerzo alguno. Y sobretodo, buscamos en todo momento al Señor y su dirección. Francamente no creo poder expresar con total justicia lo sobrenatural que fue este andar.

El culto a Quetzalcóatl tiene su inicio con los primeros pobladores de Mesoamérica, los Chanes, cuyo nombre significa literalmente hombres culebra, o hijos de la serpiente. Estos, como los mayas, que les seguirían, adoraron a la serpiente de cascabel, en la creencia de que se trataba de un animal sagrado. Ello, debido a su capacidad de contar el tiempo. Debemos recordar que la cultura maya sobresalió precisamente por sus estudios de matemáticas, astronomía y sobretodo, en lo que respecta a la cronología. Ellos inventaron un calendario, que como se sabe, es más exacto aún que el calendario que hoy usamos. La serpiente de cascabel, presenta la particularidad de añadir un cascabel cada año de su vida. De tal manera que al contar sus cascabeles se puede saber la edad del crótalo. Por otra parte, este reptil muda sus colmillos exactamente cada veinte días, de donde tomaron ellos la base de veinte días para cada mes de su calendario.

Conviene notar que también el calendario azteca, es una piedra solar crotalense. Es decir que el calendario completo es una representación de lo que para ellos era digno de adoración: El sol y la serpiente. Porque no debemos olvidar que el culto a la serpiente siempre es un culto solar.

Cada año, durante el solsticio de verano esta serpiente sufre un proceso particular. Su piel se pone opaca y mustia, su cuerpo entero adquiere un color grisáceo, le cae un velo sobre los ojos a modo de catarata y abruptamente, la víbora rompe su cubierta, la abandona y emerge con una nueva piel, viva, reverdecida. Entonces añade un nuevo cascabel. Y, a este fenómeno se le llama «caput zijil», que quiere decir «nacer de nuevo». Si a eso le añadimos que el 4 es el número del sol y de Quetzalcóatl, de quien se dice murió por su gente, y resucitó al cuarto día, conocemos ya que estamos en presencia de una falsificación de Cristo.

Todo el arte de las culturas Maya, Azteca, Tolteca e Inca, nació de la inspiración de esta serpiente. Bien podemos llamarlas culturas serpentinas, cuando notamos que desde la arquitectura de sus pirámides hasta el diseño de sus vestidos («huipiles»), todo proviene del diseño de la piel de la serpiente.

Para los mayas el culto a la serpiente cobró tanta importancia que llegaron al extremo de tomar dos tablas para presionar e ir deformando con ellas el cráneo de sus hijos, limaban sus dientes y torcían voluntariamente sus ojos, todo esto con el fin de asemejarlos físicamente a la culebra. Esto solo confirma la Palabra de Dios que dice:

«Los ídolos de ellos son plata y oro, obra de manos de hombre. Tienen boca, mas no hablan; tienen ojos más no ven; orejas tienen, mas no oyen; tienen narices, mas no huelen; manos tienen, mas no palpan; tienen pies, más no andan; no hablan con su garganta. *Semejantes a ellos son los que los hacen*, y cualquiera que confía en ellos» (Salmo 115.4-8).

Me llamó la atención el hecho de que un investigador, llamado José Diaz Bolio, de Mérida, Yucatán, México, descubrió el culto crotálico en la cultura maya desde 1942, y a pesar de las múltiples pruebas que aportó, nadie prestó atención a sus estudios. Tuve la oportunidad de leer casi todas sus numerosas obras, y de visitarle en su casa de habitación. Allí me contó una noche, como le expulsaron de la sociedad de arqueología porque no creían lo que afirmaba respecto a la serpiente como la base de la cultura. A la mañana siguiente visitamos por primera vez Chichén Itzá, donde vi las decenas de edificios que componen el conjunto. De ellos, unos setenta y cinco están restaurados. Y solo en uno de ellos, personalmente conté más de doscientos símbolos crotálicos. ¿Cómo es posible que un hecho de esta magnitud pase inadvertido para la mayoría, y que se oculte de esa forma, como el montículo de la culebra del Valle de Guatemala?[3]

Estamos viviendo tiempos especiales cuando vemos que Dios decide que su Iglesia está lista para que «Él nos dé los tesoros escondidos y los secretos muy guardados, para que sepamos que Él es Jehová» (Isaías 45.3). Ciertamente Jehová no nos dará solamente los secretos y tesoros escondidos, «Él irá delante de nosotros, y enderezará los lugares torcidos; quebrantará puertas de bronce, y cerrojos de hierro hará pedazos» (Isaías 45.2) porque «de Jehová es la batalla y Él entregará a nuestros enemigos en nuestras manos» (1 Samuel 17.47).

El momento crucial

Sin lugar a dudas, el momento más importante para nosotros, se dio cuando encontramos a este principado en la Biblia. Casi no podíamos creer lo que veían nuestros ojos. A través del libro de Isaías, Dios estaba confirmando nuestros hallazgos.

«No te alegres tú, Filistea toda, por haberse quebrado la vara del que te hería; porque de la raíz de la culebra saldrá áspid, y su fruto, *serpiente voladora*» (Isaías 14.29).

«Profecía sobre las bestias del Neguev: Por tierra de tribulación y de angustia, de donde salen la leona y el león, la víbora y *la serpiente que vuela*, llevan sobre lomos de asnos sus riquezas, y sus tesoros sobre jorobas de camellos, a un pueblo que no les será de provecho» (Isaías 30.6).

Apenas comenzábamos a comprender la importancia de lo que teníamos frente a nosotros. Nos percatamos de que nuestro país, más bien los países de la llamada Mesoamérica habían sido entregados, dedicados o comprometidos con

---

3. José Díaz Bolio, *La Serpiente emplumada, eje de culturas*, Tercera Edición 1964, Registro de Cultura Yucateca, Mérida, Yucatán.

este espíritu inmundo. De allí que muchas de las características del culto están vigentes aún hoy en medio de nosotros.

Ahora podía yo darme cuenta de lo que en realidad le había sucedido a esas culturas de la América prehispana. Dios, en su misericordia, había dado una oportunidad a todos los hombres. Les había presentado su testimonio, pero ellos lo rechazaron, y en su autoengaño se corrompieron, dejando a las siguientes generaciones una herencia de maldición, tinieblas y dolor.

«En las edades pasadas Él ha dejado a todas las gentes andar en sus propios caminos; *si bien no se dejó a sí mismo sin testimonio*, haciendo bien, dándonos lluvias del cielo y tiempos fructíferos, llenando de sustento y de alegría nuestros corazones» (Hechos de los Apóstoles 14.16-17).

«Porque lo que de Dios se conoce les es manifiesto, pues Dios se lo manifestó. Porque las cosas invisibles de Él, su eterno poder y deidad, se hacen claramente visibles desde la creación del mundo, siendo entendidas por medio de las cosas hechas, de modo que no tienen excusa. *Pues habiendo conocido a Dios, no le glorificaron como a Dios, ni le dieron gracias, sino que se envanecieron en sus razonamientos, y su necio corazón fue entenebrecido. Profesando ser sabios, se hicieron necios, y cambiaron la gloria del Dios incorruptible en semejanza de imagen de hombre corruptible, de aves, de cuadrúpedos y de reptiles. Por lo cual también Dios los entregó a la inmundicia, en las concupiscencias de sus corazones*, de modo que deshonraron entre sí sus propios cuerpos, ya que cambiaron la verdad de Dios por la mentira, honrando y dando culto a las criaturas antes que al Creador, el cual es bendito por los siglos. Amén» (Romanos 1.19-25).

Ciertamente los mayas transitaron por todo ese proceso degenerativo que provoca la idolatría. De la adoración a Dios pasaron a poner sus ojos sobre el hombre, y con ese pecado se corrompieron, partiendo, como dice Santiago 3.15, de la sabiduría de lo alto, a la sabiduría «terrenal, animal, diabólica». De ahí fueron descendiendo, a la adoración al ave (quetzal), al cuadrúpedo (jaguar) y por ultimo al reptil(la serpiente de cascabel).

Durante todo el proceso de investigación nos llamó poderosamente la atención lo sanguinario de este culto, los sacrificios humanos, y lo peculiar de la forma como se llevaba a cabo el sacrificio.

Aprendimos que lo que se llamaba el «juego de pelota» era toda una ceremonia alegórica. Un ritual astronómico[4] completo, que incluía a dos equipos de siete personas. Todos ellos pertenecientes a la comunidad. No había entre ellos extranjeros, ni prisioneros ni esclavos. Al contrario, lo mejor de los jóvenes de la comunidad. El punto más importante se daba después del juego, cuando el capitán del equipo vencedor procedía a sacrificar al capitán del equipo oponente. Mientras el perdedor era sostenido sobre una plataforma hecha con ese propósito, el vencedor hundía en su pecho una herramienta especial (es posible encontrar una de estas en muchos museos), y extraía el corazón aún palpitante de la víctima para ofrecerlo a Quetzalcóatl. De esa forma se llevaba a cabo la dedicación, por medio del pacto de sangre, de lo cual hablaremos en detalle en el libro «Reyes y Sacerdotes».

El conocimiento natural que íbamos obteniendo, servía de base a la revelación del Espíritu Santo. *Lo que entendimos es que aún hoy, en nuestras naciones, algunos de estos patrones de comportamiento están vigentes*. Si bien ya no existe el juego de pelota ni se producen sacrificios humanos en esa misma forma, el derramamiento de sangre por medio de la muerte causada por un hermano contra otro, continúa. Muchos de los países latinoamericanos (y otros por supuesto), han experimentado movimientos revolucionarios o guerrilleros. Y en cada uno de estos casos el proceso es el mismo. Son guerras fratricidas. Guatemaltecos matando guatemaltecos. Nicaragüenses contra nicaragüenses. Hermanos derramando la sangre de sus hermanos, contaminando así la tierra.

---

4. Obra citada de Díaz Bolio, *Juego de pelota ritual astronómico*.

(Números 35.33). Llegamos a entender que es necesaria la intervención de la Iglesia para solventar espiritualmente esos problemas ancestrales si queremos ver la liberación de nuestros países.[5]

Cuando realicé mi estudio, México presentaba una excepción a mi hipótesis. Sin embargo un tiempo más tarde, el Ejército Zapatista de Liberación Nacional, surgió como un movimiento más, de aquellos que tanto dolor han traído a nuestros pueblos.

Poco a poco fuimos descubriendo qué tan profundas eran las raíces del culto en nuestra cultura. Incluso la propia ciudad de Guatemala había sido diseñada en la forma de un espiral, así como se coloca la serpiente de cascabel cuando está segura y no teme ningún ataque (véase Lucas 11.21).

Por supuesto, en Guatemala el Quetzal no solamente es el ave nacional. También es el nombre de nuestra moneda. Y me pareció muy particular y revelador que al examinar los diseños de nuestros billetes, el número de símbolos crotálicos o serpentinos en los billetes aumentó en proporción directa a la devaluación de la moneda. Antes de la devaluación, nuestros billetes presentaban diseños o dibujos de la naturaleza, o gestas cívicas tales como la firma de la independencia. Pero de repente, como si hubiese una mente maestra detrás, comenzaron a cambiar los diseños de los billetes, incluyendo dibujos y diseños como por ejemplo la mandíbula de la serpiente de Palenque hasta llegar al extremo que un billete de cincuenta quetzales, tiene veintiún símbolos crotálicos.

De alguna manera estaba comenzando a darme cuenta de la existencia de un principio espiritual muy importante. *Lo natural «lo que podemos ver, lo que nuestros sentidos perciben» es solo un reflejo de lo espiritual, de lo invisible.*

---

5. Gracias a Dios, en Centro América la guerra ha terminado. Un hecho que nosotros interpretamos como una respuesta a la intercesión de la Iglesia, y que además supone la destrucción del lazo que ese principado tenía sobre nuestro territorio.

El apóstol San Pablo lo enunció de esta forma:

«No mirando nosotros las cosas que se ven, sino las que no se ven; pues las cosas que se ven son temporales, pero las que no se ven son eternas» (2 Corintios 4.18).

A través de toda esta información, Dios estaba hablándonos, dejándonos saber que la situación de nuestra nación se debía a circunstancias espirituales, a la injerencia de fuerzas que estaban ocultas al ojo humano pero que son absolutamente reales.

Es tiempo de hacer algo

Las piezas del rompecabezas estaban tomando su lugar a toda velocidad. Nuestra nación se encontraba en una encrucijada y nosotros teníamos la clave. La Biblia nos habla una y otra vez de una batalla.

«porque no tenemos lucha contra sangre y carne, sino contra principados, contra potestades, contra los gobernadores de las tinieblas de este siglo, contra huestes espirituales de maldad en las regiones celestes» (Efesios 6.12).

«Pues aunque andamos en la carne, no militamos según la carne; porque las armas de nuestra milicia no son carnales, sino poderosas en Dios para la destrucción de fortalezas, derribando argumentos y toda altivez que se levanta contra el conocimiento de Dios, y llevando todo pensamiento cautivo a la obediencia a Cristo» (2 Corintios 10.3-5).

De pronto nos invadió un sentido de urgencia. Dios estaba poniendo delante de nosotros una revelación y eso nos daba una gran responsabilidad. Asumimos que Él esperaba de parte de nosotros una respuesta, una reacción. Un precioso hermano intercesor, nos trajo un mensaje del Señor, sumamente claro y conciso. La Palabra contenida en Ester 4.14, «Porque si callas absolutamente en este tiempo, respiro y liberación vendrá de alguna otra parte para los judíos; más tú y la casa de tu padre pereceréis. ¿Y quién sabe si para esta hora has llegado al reino?»

Recuerdo perfectamente el lugar en el que Dios me habló una mañana, durante una reunión de pastores. Allí concebí la visión. Allí nació el proyecto que se denominó «Jesús es Señor de Guatemala», con la visión de reclutar un gran ejército de intercesores para llevar a cabo la redención de nuestro país de las manos del enemigo. Para romper todos los pactos celebrados sobre nuestra tierra, que eran ajenos a Jehová.

Decidimos usar un libro de texto acerca de la oración, y escogimos uno muy especial. Llevamos a cabo la impresión de setenta mil ejemplares del libro «Oración, la clave del avivamiento» del Dr. David Yonggi Cho. Comenzamos a clamar por Guatemala, y vivimos tiempos muy emocionantes, algunos de los cuales quedarán plasmados en forma de testimonio o ilustración en las próximas páginas. Sin duda estuvo el Señor con nosotros todo ese tiempo, y ciertamente se levantó Él como poderoso gigante para «castigar con su espada dura, grande y fuerte al leviatán serpiente veloz, y al leviatán serpiente tortuosa» (Isaías 27.1).

Fue un período intenso, en el que vivimos experiencias extraordinarias. Nuestra iglesia participó de lleno en la visión y fuimos convertidos en una iglesia de oración, una iglesia guerrera. Vimos a nuestra congregación crecer, multiplicándose siete veces en apenas dos años. Un miembro de la iglesia era candidato a la presidencia del país, y a través de la oración le vimos ascender de un tres por ciento de popularidad, al triunfo en las elecciones generales, obteniendo el más alto porcentaje de votos en la historia del país en solo noventa días.

De ese tiempo datan nuestros descubrimientos en el área de la cartografía espiritual, los actos proféticos, los decretos, y muchas cosas más de las que trataremos en su oportunidad.

Vivimos un tiempo impresionante de milagros. Se había iniciado el camino hacia una nueva Guatemala.

Una de las lecciones más importantes que aprendimos, es que la guerra espiritual no es un hecho esporádico. No es algo que se hace hoy y se abandona mañana. No.

Si estudiamos la Biblia veremos que vivimos en una situación constante de guerra espiritual. Esta es una verdad, que una vez se conoce, no se abandona jamás. Involucrarse en la guerra espiritual solamente por un tiempo, y luego retirarse, es como pararse encima de un hormiguero, matar algunas hormigas y luego quedarse allí parado. Usted sabe el resto.

La guerra espiritual en realidad constituye la forma de vida normal de los creyentes que han sido redimidos por Cristo de la esclavitud del diablo. Una vez estamos de este lado, ya no somos más sus esclavos. Ahora pertenecemos al reino de la luz y las tinieblas constituyen nuestro enemigo natural. Mientras estemos en la tierra, tendremos un enemigo que está en guerra continua contra nosotros. Más vale que aprendamos en qué consiste la batalla.

2

La descripción del conflicto

> *Yo iré delante de ti, y enderezaré los lugares torcidos; quebrantaré puertas de bronce, y cerrojos de hierro haré pedazos; y te daré los tesoros escondidos, los secretos muy guardados, para que sepas que soy Jehová, el Dios de Israel.*
> Isaías 45.2-3

Si quisiéramos definir la guerra espiritual deberíamos comenzar por establecer que existen dos reinos que se encuentran en guerra, opuestos el uno al otro, en abierta confrontación. Un reino pertenece a Dios y el otro al diablo. No en balde se le llama el «príncipe de este mundo» o «príncipe de la potestad del aire» (Juan 16.11 y Efesios 2.2). La guerra espiritual consiste en el conflicto que se da entre esos dos reinos, el reino de la luz y el reino de las tinieblas, que contienden por el destino eterno de los hombres.

La diferencia entre la vida perdurable y la vida eterna

Existen dos clases de vida. Una que todos los seres humanos comparten, la vida perdurable. Y la otra, característica exclusiva de los creyentes, la vida eterna. La vida perdurable proviene del hecho de que el espíritu y el alma del hombre no perecen jamás, es decir, vivirán para siempre. Se llama vida eterna a la naturaleza de Dios, la vida «zoe» que Dios da al hombre cuando este nace de nuevo. La diferencia entre ambas estriba en que el que ha recibido vida eterna, pasará la eternidad con Dios, mientras que el que no recibe al Señor Jesucristo como su Señor y Salvador, pasará la eternidad sin Él (Mateo 25.46; Juan 3.36 y Juan 5.24).

El conflicto que llamamos guerra espiritual trata precisamente de ese tema. Los reinos contienden por el destino eterno de los hombres. El reino de la luz da la batalla, como una manifestación del propósito de Dios, «el cual quiere que todos los hombres sean salvos y vengan al conocimiento de la verdad» (1 Timoteo 2.4). Mientras que el reino de las tinieblas quiere mantener a los hombres en la esclavitud, separados de Dios, hasta su perdición eterna.

Segunda de Corintios 4.4 dice: «En los cuales el dios de este siglo cegó el entendimiento de los incrédulos, para que no les resplandezca la luz del evangelio de la gloria de Cristo, el cual es la imagen de Dios». Es por esta razón que la palabra «evangelismo» se torna tan importante en el estudio de este tema. El evangelismo hace toda la diferencia entre una humanidad que reina eternamente con Cristo o una reducida al castigo eterno. A veces me da la impresión de que en general, el Cuerpo de Cristo no ha comprendido lo que está en juego.

Personajes involucrados en el conflicto *(Figura 1.1)*

El concepto de reino nos sugiere un rey, súbditos, territorio, lenguaje y por supuesto, un conjunto de leyes que rigen

DESCRIPCIÓN DEL CONFLICTO

Personajes involucrados en el conflicto

REINO DE LA LUZ	REINO DE LAS TINIEBLAS
A) DIOS • Padre • Hijo • Espíritu Santo B) Ángeles C) Iglesia	A) el diablo B) y su jerarquía • principados • potestades • gobernadores de las tinieblas de este siglo • huestes espirituales de maldad en la regiones celestes (Efesios 6.12) • poderes • señoríos • todo nombre que se nombra no solo en este siglo sino también en el venidero (Efesios 1.21) • tronos • dominios (Col 1.16) **Los Hombres 2 Co 4.4**

FIGURA 1.1

ese reino. Desde luego cada uno de los reinos tiene un ejército, y son estos, los personajes que luchan en la batalla.[1]

En el Reino de la luz encontramos en primer lugar a Dios. Acostumbro llamar a este apartado la «deidad», pues incluye al Padre, al Hijo y al Espíritu Santo. Después de ellos, hay una categoría de seres espirituales a quienes llamamos ángeles. Estoy plenamente consciente de que existen arcángeles, serafines, querubines, etc. Pero he decidido incluirlos a todos bajo un solo nombre. Y por último, la Iglesia de Jesucristo, formada por todos aquellos hombres y mujeres que han sido salvos por la gracia y misericordia de Dios.

En el reino de las tinieblas encontramos al diablo y su jerarquía satánica conformada por los principados, potestades, gobernadores de las tinieblas de este siglo, huestes espirituales de maldad en las regiones celestes, tronos, dominios, poderes, señoríos, y todo nombre que se nombra, no solo en este siglo sino en el venidero (Efesios 6.12; Colosenses 1.16 y Efesios 1.21). Traté de enumerar cada una de las palabras que la Biblia Reina Valera de 1960 nos da, para referirse a las fuerzas del maligno, evitando las repeticiones sin profundizar acerca de la polémica existente sobre quién tiene el mayor o menor rango.

Después de haber puesto en orden de batalla a los personajes activos de ambos reinos, pasamos a concentrarnos en el objetivo del conflicto: El hombre.

Uno tendría la tentación de colocar al hombre en el centro del esquema, en medio de los dos reinos. Sin embargo eso no sería lo correcto. La humanidad no se encuentra en un sitio neutral, simplemente porque tal lugar no existe. La humanidad (no redimida) se encuentra en el lado del reino de las tinieblas, y la Iglesia (la congregación de los redimidos) se encuentra en el lado del Reino de la luz. El hombre siempre

---

1. Quisiera rogarle que se sienta en absoluta libertad de usar cualquiera de los esquemas, reproducirlos, o de cualquier otra forma aprovecharlos para beneficio de otras personas.

comienza su caminar en el lado de las tinieblas. «Por cuanto todos pecaron y están destituidos de la gloria de Dios» (Romanos 3.23).

Debido a que el hombre inicia su andar en las tinieblas, se hace necesario quitarle el velo de ceguera (2 Corintios 4.4), para que pueda recibir la luz del evangelio. Esto es exactamente lo que puede lograrse a través de la oración intercesora, ya que intercesión por definición, consiste en orar en favor de otra persona. Si destruimos ese velo de ceguera a través de la intercesión, seguramente la persona por quien oramos verá brillar frente a sí la luz gloriosa del evangelio de Jesucristo.

Permítame aquí reforzar un concepto que es de vital importancia. Muchas veces escucho expresiones tales como: «En este lugar no quieren recibir a Cristo». Esa declaración es absolutamente errónea. Las personas que no reciben a Cristo, no lo hacen porque no quieren, sino por que no pueden. Tienen un velo de ceguera que impide que la luz del evangelio les resplandezca. Ninguno de nosotros podría ver la luz si tuviéramos un velo cubriendo nuestros ojos. Sería necesario remover el velo, para poder ver la luz del día. Esa es la realidad de las naciones y las ciudades donde el evangelio no encuentra fácil penetración. Hay un velo que debe removerse. Si usted se pregunta sobre la factibilidad de remover esta ceguera, la respuesta es un contundente sí. «Pues aunque andamos en la carne, no militamos según la carne; porque las armas de nuestra milicia no son carnales, sino poderosas en Dios para la destrucción de fortalezas, derribando argumentos, y toda altivez que se levanta contra el conocimiento de Dios, y llevando cautivo todo pensamiento a la obediencia a Cristo» (2 Corintios 10.3-5).

Si el hombre comienza su caminar en el reino de las tinieblas,[2] ¿Cómo logra su paso al Reino de la luz? Colosenses

---

2. En Romanos 7.9-11 está expresado con claridad por el apóstol San Pablo, que en sentido estricto, el hombre inicia su camino en el Reino

1.13-14 dice que Dios es quien nos libra de la potestad de las tinieblas, y nos traslada al Reino de su amado Hijo, en quien tenemos redención por su sangre, el perdón de pecados. Quiere decir que Dios literalmente nos extrae de debajo de la potestad de las tinieblas, y sacándonos de allí, nos traslada al otro Reino, al de su Hijo amado. Es el sacrificio de Cristo, el que obtiene para nosotros esa salida de las tinieblas a la luz, y donde había un abismo insondable, ahora hay un Camino: Cristo.

Este es el momento en el cual da inicio el conflicto. Déjeme explicarle por qué. Todos nosotros fuimos siervos de Satanás; estábamos muertos en nuestros delitos y pecados, en los cuales anduvimos en otro tiempo, siguiendo la corriente de este mundo, conforme al príncipe de la potestad del aire, el espíritu que ahora opera en los hijos de desobediencia, entre los cuales *todos nosotros vivimos en otro tiempo* (véase Efesios 2.2-3). Servíamos al diablo, le seguíamos, y vivíamos con el entendimiento entenebrecido como se expresa en Efesios 4.18. Pero un día Dios en su misericordia nos libertó de la potestad de las tinieblas, y nos trasladó al reino de su Hijo amado. En ese momento fuimos literalmente trasladados de un reino al otro. De pronto los que eran esclavos son hechos libres.

La posición física del ahora creyente ha sido drásticamente modificada. De estar debajo del diablo, ha pasado a estar justamente encima (Efesios 1.22). Automáticamente pasamos de dominados a dominadores. De ser la «humanidad» nos convertimos en la «Iglesia». Salimos de un reino y fuimos recibidos en el otro. *(Figura 1.2)*

Y en este otro Reino, el de la luz, nos ha sido dado un lugar, una relación. Ahora somos hijos de Dios, somos cabeza

---

de la luz, al ser creados a la imagen de Dios. Sin embargo, al hacer su entrada el pecado, momento que algunos suelen llamar «la edad de la consciencia», pasamos al reino de las tinieblas, de donde necesitamos ser redimidos.

DESCRIPCIÓN DEL CONFLICTO

Personajes involucrados en el conflicto

REINO DE LA LUZ	REINO DE LAS TINIEBLAS
A) **DIOS** • Padre • Hijo • Espíritu Santo B) **Ángeles** C) **Iglesia** ¿CÓMO? EFESIOS 3.10 SALMO 103.20-21 JEREMÍAS 15.19-20 JEREMÍAS 1.9-10; 4.3; 4.12 y 4.19	A) el diablo B) y su jerarquía • principados • potestades • gobernadores de las tinieblas de este siglo • huestes espirituales de maldad en la regiones celestes (Efesios 6.12) • poderes • señoríos • todo nombre que se nombra no solo en este siglo sino también en el venidero (Efesios 1.21)

La Iglesia Col 1.13 → Los Hombres 2 Co 4.4

FIGURA 1.2

y no cola, estamos encima y no debajo, y el diablo que una vez nos dominó, está ahora bajo la planta de nuestros pies.

El objetivo de la guerra espiritual busca rescatar o redimir a la raza humana, sacándola de la potestad de las tinieblas. Esto es lo que llamamos evangelismo. Esta es la gran comisión que Dios ha encargado a cada uno de sus hijos, «Para que abras sus ojos, para que se conviertan de las tinieblas a la luz, y de la potestad de Satanás a Dios; para que reciban, por la fe que es en mí, perdón de pecados y herencia entre los santificados» (Hechos 26.18).

La responsabilidad de la Iglesia

El proceso tiene lugar cuando la Iglesia asume su parte de la responsabilidad, y actúa conforme a la Palabra de Dios.

En este sentido, Efesios 3.10-11 describe con claridad la función de la Iglesia. «Para que la multiforme sabiduría de Dios sea ahora dada a conocer por medio de la iglesia a los principados y potestades en los lugares celestiales, conforme al propósito eterno que hizo en Cristo Jesús nuestro Señor».

Este pasaje contiene instrucciones muy claras. La Iglesia tiene la responsabilidad de dar a conocer la multiforme sabiduría de Dios, (su Palabra) a los principados y a las potestades en los lugares celestiales. Anteriormente pensábamos que ganar almas era función exclusiva del evangelista y de repente, encontramos que Dios nos ha dado esa tarea a todos, y que podemos colaborar en esa comisión desde el lugar donde nos encontramos. Qué hermoso es saber ahora que una ama de casa, un oficinista, un niño o un anciano pueden colaborar para realizar el deseo de Dios: «que todos los hombres sean salvos y vengan al conocimiento de la verdad» (1 Timoteo 2.4).

Esto nos confirma que formamos parte del plan de Dios, sin importar si somos o no ministros de tiempo completo. Dios puede y quiere utilizarnos. Nuestras oraciones van a hacer la diferencia eterna para una humanidad que sufre.

Efesios 3.10 nos explica que la Iglesia es la llamada a pronunciar la Palabra de Dios. El Diccionario de la Real Academia Española nos dice que pronunciar significa «publicar la sentencia o auto», poniéndonos en la posición de proclamar lo que Dios ya ha dictado.

El pasaje añade con exactitud a quién debe la Iglesia hablarle, y dónde se lleva a cabo esta acción... «a los principados y potestades en los lugares celestiales».[3]

Acá se nos plantea una interrogante fundamental. Si los principados y potestades se encuentran en las regiones celestes, de acuerdo a Efesios 6.12, ¿por qué la Biblia nos pide hacer conocida la multiforme sabiduría de Dios a los principados y potestades en los lugares celestiales? La diferencia entre regiones celestes (Efesios 6.12) y lugares celestiales (Efesios 3.10), aporta una gran luz a nuestro estudio.

Los lugares celestiales son superiores, más altos que las regiones celestes. Es un hecho bíblico que existen tres cielos (2 Corintios 12.2). Mientras que los principados y potestades del maligno operan en las regiones celestes, los ejércitos de Dios[4], habitan en los lugares celestiales como nos lo demuestra Apocalipsis 5.

Algo impresionante sucede cuando la Iglesia da a conocer la multiforme sabiduría de Dios en las regiones celestiales, y es que esa palabra sale de la boca del creyente, y llega hasta esos lugares celestiales pasando de primero por las regiones celestes. Permítame ilustrar este principio con un

---

3. Colosenses 1.16 nos explica que en Cristo fueron creadas «todas las cosas, las que hay en los cielos y las que hay en la tierra, visibles e invisibles; sean tronos, sean dominios, sean principados, sean potestades; todo fue creado por medio de Él y para Él». De manera, pues, que hay principados que se corrompieron y se aliaron con el diablo, pero hay otros que permanecieron fieles a Dios (véase Apocalipsis 12.4,7 y Hebreos 2.14).
4. El libro de Daniel nos deja ver, que si bien existen príncipes que sirven al maligno, como el príncipe de Persia, o el de Grecia, también Dios tiene príncipes que sirven a sus hijos; como Miguel, a quien se le atribuye ser el príncipe sobre el pueblo de Israel (Daniel 10.20-21).

ejemplo: Cuando un creyente practica la oración de guerra, y cumpliendo con el principio de Efesios 5.11, reprende a las fuerzas de las tinieblas, lo que sucede, aunque no podamos verlo con nuestros ojos naturales, es lo siguiente: Cuando la Palabra de Dios, es expresada, sale como un torrente de luz. Por eso la Biblia dice: «La exposición de tus palabras alumbra» (Salmo 119.130). La luz de la Palabra hablada avanza sin detenerse, alcanza las regiones celestes, y sigue hasta llegar a los lugares celestiales. A su paso por las regiones celestes, la palabra alcanza a los principados, potestades, a los gobernadores de las tinieblas y a las huestes espirituales de maldad en las regiones celestes y los cubre con la luz. Recuerde que «la luz en las tinieblas resplandece, y las tinieblas no prevalecen contra ella» (Juan 1.5). Pero, el efecto no termina allí; la luz de la Palabra continúa avanzando hasta llegar a los lugares celestiales, donde encuentra a los ángeles de Dios, y los moviliza a aplicar, a ejecutar la sentencia dictada por Dios a través de su Palabra.

Salmo 103.20-21: «Bendecid a Jehová vosotros sus ángeles, poderosos en fortaleza, que ejecutáis su Palabra, obedeciendo a la voz de su precepto. Bendecid a Jehová, vosotros todos sus ejércitos, ministros suyos, que hacéis su voluntad».

Es importante entender la participación que Dios espera de su Iglesia en la guerra espiritual. Qué responsabilidad tan grande descansa sobre nosotros. En la creación de Dios, el ser humano es el único que posee la capacidad de hablar, y tiene el mandato de hacerlo pronunciando la Escritura a los principados y potestades. Hoy hay billones de personas en el mundo que nunca han oído hablar de Jesús. Qué diferencia con la Iglesia primitiva que llenó toda la tierra conocida con el evangelio. Con dolor debemos admitir que la Iglesia ha dejado de cumplir los mandatos fundamentales del Señor. Hemos descuidado la oración, la intercesión por los perdidos y el dar a conocer la multiforme sabiduría de Dios a los principados y potestades en las regiones celestiales.

El Señor me dio un excelente ejemplo que me ha servido muchas veces para ilustrar este concepto. Los legisladores de una nación, disponen hacer una ley donde establecen que la velocidad máxima en las carreteras es de cien kilómetros por hora. Esa ley no tendría ningún valor práctico si no existiera una fuerza policial que la ejecutara. Si una persona conduce a ciento veinte kilómetros por hora, transgrediendo la ley, en nuestro ejemplo hipotético, la policía le detiene y le conduce ante el tribunal. El juez tiene una copia de esa ley en sus manos que establece el delito, y su correspondiente pena. El jurado escucha el caso mientras el acusador y el defensor llevan a cabo su trabajo. Cuando llega al final el juicio el acusado es declarado culpable. El juez dicta la sentencia. Por ejemplo, cien días de cárcel. Ahora se necesita nuevamente de la policía para que, como un brazo adicional de la ley, conduzca a la cárcel al transgresor. Esto es lo que se llama la ejecución, la aplicación de la ley.

Lo que quiero transmitirle es que no basta con que exista la ley, se necesita un brazo ejecutor de la misma. Es igual en el reino espiritual. Los ángeles son los ejecutores de la sentencia dictada por Dios en su Palabra. Salmo 103.20 «Bendecid a Jehová, vosotros sus ángeles, poderosos en fortaleza, *que ejecutáis su palabra, obedeciendo a la voz de su precepto*».

Como vimos anteriormente, existen tres sujetos o personajes en el reino de la luz: Dios, los ángeles y la Iglesia. Ahora podemos delimitar la obra de cada uno. Dios ha dictado su sentencia sobre las fuerzas de las tinieblas, tal y como lo encontramos en la Palabra. El Señor Jesucristo cumplió la voluntad del Padre, «anulando el acta de los decretos que había contra nosotros, que nos era contraria, quitándola de en medio y clavándola en la cruz, *y despojando a los principados y a las potestades, los exhibió públicamente, triunfando sobre ellos en la cruz*» (Colosenses 2.14-15). El Espíritu Santo, por su parte, obra hoy a través de la Iglesia. La responsabilidad directa de actuar recae sobre nosotros, los encargados de dar a conocer la multiforme sabiduría de Dios a los principados y potestades. Cuando lo hagamos, los ángeles obedecerán al mandato del Señor, ejecutando su Palabra en el reino invisible. En nuestro ejemplo, Dios sería el legislador, la Iglesia el juez, y los ángeles la fuerza policial.

Como se podrá dar cuenta, los ángeles obedecen a la «voz» de su precepto. Lógicamente no se esperará acción de parte de ellos si la Iglesia no cumple su parte de «pronunciar» el precepto. Pero, si la Iglesia cumple con diligencia su parte, los ángeles cumplirán la suya siendo «espíritus ministradores, enviados para servicio a favor de los que serán herederos de la salvación» (Hebreos 1.14). Depende entonces de la fidelidad de la Iglesia el evangelismo de las naciones y la transformación de las mismas.

Jeremías 1.10. Una revelación importante

«Mira que te he puesto en este día sobre naciones y sobre reinos, para arrancar y para destruir, para arruinar y para derribar, para edificar y para plantar».

Mi vida de oración y mi forma de percibir la realidad espiritual cambió drásticamente cuando Dios iluminó este pasaje en mi corazón. Se trata de cuatro palabras o verbos de destrucción, y dos de edificación. Cuando estudié con detalle estas cuatro acciones; arrancar, destruir, derribar y arruinar me percaté que después de ellas no queda absolutamente nada. Es entonces que prosigue la plantación y la edificación. Creo que en estos pasos hemos sido muy ignorantes de la realidad espiritual.

Normalmente hacemos algo como esto: Vamos por allí, en una esquina contratamos un local y abrimos una Iglesia, y deseamos que la gente llegue el domingo. Creemos que así se hacen las cosas, y realmente de esta forma entramos al territorio del enemigo, sin percatarnos de las fuerzas espirituales invisibles que se encuentran allí. Nos pasamos toda la vida predicando, sin embargo, muchas veces, sin querer ser negativo, no se produce un gran efecto. Casi la mitad de la población del mundo no ha oído aún el Evangelio de Jesucristo. Y una de las razones es el error que hemos cometido cuando pensamos que es suficiente con tener la mejor semilla, e ignoramos las condiciones de la tierra donde esta debe ser sembrada.

Si alguien nos diera una parcela de tierra, la mejor tierra, la más fértil, y nos dijera: «Mira, quiero darte este regalo. Esta parcela contiene tierra de la mejor de este país. Es tuya. No la he cultivado en los últimos años, pero ahora, es para ti». Como la tierra es fértil seguramente estará llena de abrojos, hierba y arbustos. ¿Tomaría usted la mejor de las semillas, tal vez las mejores semillas de fresa de California y las sembraría de inmediato en la parcela?

Cualquiera sabe que eso no debería hacerse jamás. Primero necesitamos preparar la tierra, arrancar, derribar, arruinar y destruir. Y solo cuando ya está limpia la tierra, está preparada para edificar y plantar. Necesitamos entender este principio que hasta ahora no habíamos comprendido, a pesar de la Palabra: «Porque así dice Jehová a todo varón de Judá y de Jerusalén: Arad campo para vosotros, y no sembréis entre espinos» (Jeremías 4.3).

¡Qué diferencia cuando realizamos la cartografía espiritual, reconocemos el territorio, enfrentamos al enemigo, y luego, recogemos los despojos! (Lucas 11.21-23.)

El lenguaje de los reinos

Así como las diferentes naciones tienen su idioma, los reinos espirituales también tienen su lenguaje propio. En el reino de la luz, el lenguaje se llama la «intercesión», mientras que en el reino de las tinieblas, el lenguaje es la «acusación». De hecho, nuestro Señor Jesucristo se encuentra ahora mismo, intercediendo por nosotros (Romanos 8.34 y Hebreos 7.25), mientras que al diablo, la Biblia le llama «el acusador de los hermanos» (Apocalipsis 12.10). Lamentablemente, muchas veces miembros del Cuerpo de Cristo, usan todavía el idioma que aprendieron en el mundo (el lenguaje de las tinieblas) y andan por el camino de la acusación. Cada vez que un creyente se dedica a acusar a los hermanos y a sembrar la división, está ejercitando, en acuerdo con el diablo, el lenguaje del reino de las tinieblas.

Me da pena reconocer que muchas personas que han sido salvas, no han aprendido aún el lenguaje del Reino de la luz, que no es más que la intercesión. ¿Cuántas personas viven absolutamente ignorantes de su tarea como intercesores, como reyes y sacerdotes del Dios Altísimo? La Biblia nos llama colaboradores de Dios y no hay tarea más alta, que ser voceros del Todopoderoso. Jeremías 15.19 dice: «Por tanto, así dijo Jehová: Si te convirtieres, yo te restauraré, y delante de mí estarás; Y si entresacares lo precioso de lo vil, serás como mi boca. Conviértanse ellos a ti, y tú no te conviertas a ellos». Dios está esperando que cada uno de nosotros aprenda a hablar únicamente «todo lo que es verdadero, todo lo honesto, todo lo justo, todo lo puro, todo lo amable, todo lo que es de buen nombre...» (Filipenses 4.8). Y Dios espera que removamos de nuestro vocabulario todo lo vil. Si así lo hacemos seremos «como su boca».

3

El origen de la «guerra espiritual»

> *Las cosas secretas pertenecen a Jehová nuestro Dios; mas las reveladas son para nosotros y para nuestros hijos para siempre, para que cumplamos todas las palabras de esta ley.*
>
> Deuteronomio 29.29

He encontrado que existe la idea generalizada de que la guerra espiritual obedece a lo que llaman: El conflicto eterno entre el bien y el mal. Nada más alejado de la verdad. En este capítulo deseo demostrar a usted que la guerra espiritual es un proceso que tuvo un inicio y tendrá un final. Estar conscientes de esta realidad, nos ayudará a comprender mejor nuestra función dentro del conflicto.

Además de comprender cuándo dio inicio este conflicto, necesario es conocer cuál fue la razón de su origen, y también cómo y cuándo terminará.

El concepto de la guerra espiritual está ligado al concepto de tiempo. Nosotros nos desenvolvemos cotidianamente dentro de los conceptos de espacio y tiempo. Es natural que en una conversación usemos expresiones como: «Ayer hice, mañana haré. Iré hacia allá, o regresaré acá». Nos costaría mucho prescindir de la «temporalidad» en nuestra manera de hablar. Sin embargo, para Dios el tiempo no es un concepto importante. Él es «El Olam», el Dios eterno. La creación de Dios se distingue por la eternidad. Si bien concebimos una eternidad futura, pocos conocemos que también hubo una eternidad pasada. De hecho, del estudio de la Biblia llegamos a la conclusión que el tiempo que la Biblia describe con detalle, y que divide en Antiguo y Nuevo Testamento, no son sino un paréntesis entre la eternidad pasada, y la eternidad futura.[1]

Buscando el origen del mal comencé por el libro de Génesis, uno de mis favoritos, y me encontré meditando sobre la gran diferencia entre los dos primeros versículos de la Biblia. Hay algo que no encajaba. No me parecía fácil de asimilar el hecho de que Dios hubiera creado los cielos y la tierra, y que a continuación estos aparecieran desordenados y vacíos. Mi espíritu parecía percibir una puerta de información para mi búsqueda.

No tardé mucho en descubrir un torrente de información al respecto.[2] La evidencia bíblica acerca de un gran abismo de tiempo entre el versículo uno, y el versículo dos

---

1. Durante el período de investigación, estudié la obra de Donald Grey Barnhouse, llamada: *La guerra invisible*, la cual me bendijo grandemente en este sentido, pues fue la primera vez que vi confirmada mi idea de un gran paréntesis, que llamé: Los tiempos de la Biblia.
The invisible war. The panorama of the continuing conflict between good and evil. Donald Grey Barnhouse. Ministry resources Library, Zondervan Publishing House, Grand Rapids, Michigan, USA.
2. Una de las fuentes de información más importantes, la constituye el libro *God's Plan for Man*, escrito por el Rev. Finis Jennings Dake. Publicado por Dake Bible Sales, Inc., Lawrenceville, Georgia, USA.

del libro de Génesis, es inmensa. Como inmensa es, la evidencia acerca de la existencia de un mundo pre-adámico que sufrió los efectos de un juicio decretado por Dios. Moisés, Isaías, Ezequiel, Jeremías, Jesús, Pedro, Pablo y Juan enseñan ampliamente sobre el tema.

Nuestro estudio parte de los dos primeros versículos de la Biblia y el abismo que hay entre ambos. Génesis 1.1 dice: «En el principio creó Dios los cielos y la tierra». El versículo 2 añade: «Y la tierra estaba desordenada y vacía, y las tinieblas estaban sobre la faz del abismo, y el espíritu de Dios se movía sobre la faz de las aguas». Dios es un Dios de orden. No tiene sentido que Él creara la tierra, y que inmediatamente después esta estuviera desordenada y vacía, cubierta por las tinieblas.

Nos parece que entre los dos versículos, sucedió un hecho, que alteró el orden inicial, y dejó a la tierra «desordenada y vacía».

El profeta Isaías añade: «Porque así dijo Jehová, que creó los cielos; él es Dios, el que formó la tierra, *el que la hizo y la compuso; no la creó en vano*, para que fuese habitada la creó: Yo soy Jehová, y no hay otro» (Isaías 45.18).

Es obvio que Dios nos habla de dos etapas. Una donde «hizo» la tierra, y una segunda donde «la compuso». Quiere decir que hubo un momento donde el plan de Dios sufrió una variación. Fue interrumpido por Dios mismo para cumplir con sus propósitos, y la acción de Dios provocó una catástrofe, un cataclismo de tal naturaleza que motivó que después de ello Dios tuviera que «componer» la tierra. A esto se le llama el juicio sobre la creación pre-adámica. Y por supuesto nos confronta con el hecho de que existió una creación anterior a la de Adán. Espero no confundirle. Entiendo que es mucha información, y a lo mejor novedosa para algunos, pero continúe conmigo, y juntos descubriremos el origen de la guerra espiritual.

Por ahora, estudiemos juntos la primera de las etapas. La que se refiere al versículo primero. «En el principio Dios creó los cielos y la tierra». La Palabra de Dios nos enseña que antes de nuestros días, existió una etapa de duración indefinida, eterna, caracterizada por la inexistencia del mal.

Para estudiar la «eternidad pasada», veamos el libro del profeta Ezequiel:

«Hijo de hombre, levanta endechas sobre el rey de Tiro, y dile: Así ha dicho Jehová el Señor: Tú eras el sello de la perfección, lleno de sabiduría, y acabado de hermosura. En el Edén, en el huerto de Dios estuviste; de toda piedra preciosa era tu vestidura; de cornerina, topacio, jaspe, crisólito, berilo y ónice; de zafiro, carbunclo, esmeralda y oro; los primores de tus tamboriles y flautas estuvieron preparados para ti en el día de tu creación. Tú, querubín grande, protector, yo te puse en el santo monte de Dios, allí estuviste; en medio de las piedras de fuego te paseabas. Perfecto eras en todos tus caminos desde el día que fuiste creado, hasta que se halló en ti maldad. A causa de la multitud de tus contrataciones fuiste lleno de iniquidad, y pecaste; por lo que yo te eché del monte de Dios, y te arrojé de entre las piedras del fuego, oh querubín protector. Se enalteció tu corazón a causa de tu hermosura, corrompiste tu sabiduría a causa de tu esplendor; yo te arrojé por tierra; delante de los reyes te pondré para que miren en ti. Con la multitud de tus maldades y con la iniquidad de tus contrataciones profanaste tu santuario; yo, pues, saqué fuego de en medio de ti, el cual te consumió, y te puse en ceniza sobre la tierra a los ojos de todos los que te miran. Todos los que te conocieron de entre los pueblos se maravillarán sobre ti; espanto serás, y para siempre dejarás de ser» (Ezequiel 28.12-19).

Si bien la Biblia habla en este pasaje al Rey de Tiro, históricamente es un hecho que Tiro nunca tuvo un rey, aunque si tuvo un príncipe, como bien lo dice el versículo 2 del mismo capítulo. Es un concepto generalmente aceptado que este pasaje es dirigido a un ser, creado por Dios que en el libro de Isaías recibe el nombre de Lucero, el hijo de la mañana. El querubín que vendría a convertirse en el diablo.

A partir de este momento, dos líneas de pensamientos se entrelazarán en nuestro estudio. La primera, relativa a las características de esa eternidad pasada, y la segunda, la que se refiere a ese personaje que llamamos Satanás.

Del caudal de información que nos provee el pasaje anterior, obtenemos las siguientes conclusiones:

- El querubín creado por Dios era el sello mismo de la perfección. Lleno de sabiduría y acabado de hermosura. Las palabras «sello» y «acabado» nos hablan de lo «máximo» de la creación (véase Judas 9).
- Se encontraba en el Edén, en el huerto de Dios.
- Su vestidura era muy particular, «de toda piedra preciosa».
- Los tamboriles y las flautas estuvieron preparados para él, en el día de su creación. Esta parte es especialmente importante, porque nos dice: a) Que poseía en sí mismo tamboriles y flautas. Es decir, capacidad, habilidad musical. Y, b)La Biblia establece muy claramente que se trata de un ser creado. O sea que no es un ser eterno. Hubo un día, un momento en que fue creado.
- Dios colocó a este querubín protector en el Santo Monte de Dios. En medio de las piedras de fuego se paseaba. Aquí comenzamos a notar que no se trata exactamente del Edén al que estamos acostumbrados a referirnos. Este «Edén» queda en el Santo Monte de Dios. No en la región donde solemos localizar los ríos Tigris y Eufrates. Si bien el Edén de Adán nos brinda la imagen de un reino de naturaleza vegetal, este huerto al que se refiere el libro de Ezequiel, habla de un mundo de naturaleza mineral. No encontramos a Adán caminando por las «piedras de fuego», ni tampoco le encontramos rodeado de piedras preciosas, sino de plantas, árboles y animales.

- Desde el día de su creación fue «perfecto en todos sus caminos». Sin embargo, llegó un día en que todo cambió. El día en que se halló en él maldad.
- Fue lleno de iniquidad y pecó a causa de «la multitud de sus contrataciones». Tema que trataremos en detalle posteriormente.
- Como consecuencia, fue echado fuera del monte de Dios y Dios le arrojó de «entre las piedras del fuego».
- Se enalteció su corazón a causa de su hermosura, y corrompió su sabiduría a causa de su esplendor.
- El Señor le arrojó por tierra, delante de los reyes.
- Con la *multitud de sus maldades* y con la *iniquidad de sus contrataciones*, profanó su *santuario*. La palabra santuario, unida a los tamboriles y las flautas ciertamente nos hablan de adoración, y por tanto de un sacerdocio.
- Dios sacó fuego de en medio de él y este fuego le consumió, y Dios le puso en ceniza sobre la tierra a los ojos de todos los que le miran.

El huerto habitado por Lucero, debe haber sido un sitio de una belleza extraordinaria. Es evidente que constituye el plan original de Dios, lo que Él tuvo en mente cuando creó «los cielos y la tierra». Tal parece que el huerto en el cual vivió Adán con su esposa Eva, y que nos toca habitar a nosotros, es solamente un reemplazo, una habitación temporal que deberá ser destruida por el fuego (2 Pedro 3.12-13), para dar lugar al retorno del «plan original» de Dios. La descripción de la Nueva Jerusalén, ofrece un pasaje prácticamente paralelo al que leímos en Ezequiel 28.

«El material de su muro era de jaspe; pero la ciudad era de oro puro, semejante al vidrio limpio; y los cimientos del muro de la ciudad estaban adornados con toda piedra preciosa. El primer cimiento era jaspe; el segundo, zafiro; el tercero, ágata; el cuarto, esmeralda; el quinto, ónice; el sexto, cornalina; el séptimo, crisólito; el octavo, berilo; el noveno, topacio; el décimo, crisopaso; el undécimo, jacinto; el duodécimo, amatista. Las doce puertas eran doce perlas; cada una de las puertas era una perla. Y la calle de la ciudad era de oro puro, transparente como vidrio» (Apocalipsis 21.18-21).

Características de la «eternidad pasada» *(Figura 2.1)*

Durante ese período que llamamos eternidad pasada, que va desde «el principio» cuando Dios creó los cielos y la tierra, hasta ese momento traumático en que hubo iniquidad, rebelión, pecado y juicio, pueden haber transcurrido cientos, miles o millones de años, simplemente no lo sabemos. El tiempo no significaba nada en ese período, se trataba de «la eternidad».

La belleza que distinguía esa creación de Dios era sublime. Pero su valor no emana de la belleza física sino del hecho de que durante esa época toda la creación funcionaba en armonía. Precisamente por las dos características que hicieron de esta una época perfecta.

1- Solamente existía una Autoridad en toda la creación. La autoridad de Dios.

2- Solamente había una Voluntad en toda la creación. La voluntad del Creador.

En este período eterno, Dios se manifestó ejerciendo su voluntad y su autoridad a través de ese ser perfecto llamado Lucero. Donald Grey Barnhouse nos dice: «El mayor de todos los seres creados fue puesto en el gobierno divino, como gobernador sobre toda la creación de Dios».[3] «Antes de su caída, se puede decir que ocupaba el cargo de Primer Ministro de Dios, gobernando posiblemente todo el universo pero seguramente este mundo»[4]. Él era el encargado de

---

3. *The Invisible War*, p. 26.
4. *The Invisible War*, p. 27.

ORIGEN DE LA GUERRA ESPIRITUAL

Características de la "Eternidad Pasada"

ETERNIDAD

GÉNESIS 1.1
ISAÍAS 45.18
EZEQUIEL 28.12-15

EDÉN

BELLEZA MINERAL

SOLO UNA VOLUNTAD

LA AUTORIDAD DE DIOS

FIGURA 2.1

ejercer la autoridad delegada de Dios sobre toda la creación (Isaías 14.16).

La creación de Dios funcionaba de forma perfecta porque todo era una extensión de su voluntad y su autoridad. Como dije antes, esto pudo haber durado siglos o millares de años. Hasta que hubo un momento en que todo cambió. La ruptura se llevó a cabo porque hizo su entrada en la creación la rebelión, hubo una manifestación (por primera vez en la eternidad), de una «segunda voluntad».

El origen del pecado

«Perfecto eras en todos tus caminos desde el día en que fuiste creado, *hasta que se halló en ti maldad*. A causa de la *multitud de tus contrataciones fuiste lleno de iniquidad, y pecaste...*

Se enalteció tu corazón a causa de tu hermosura, corrompiste tu sabiduría *a causa de tu esplendor... Con la multitud de tus maldades y con la iniquidad de tus contrataciones profanaste tu santuario.*

(Ezequiel 28.15-18).

Recapitulemos antes de continuar.

Teníamos un ser perfecto que gobernaba sobre la creación de Dios, y ejercía una función de sacerdote. Prácticamente podríamos decir que tenía la función de sumo sacerdote de la creación, recordemos el detalle revelador de «su santuario». Él recibió la delegación de la autoridad de Dios, y tenía la alabanza y la adoración en su propio ser (Ezequiel 28.13).

Toda la creación de Dios funcionaba perfectamente bajo el gobierno de Lucero, hasta que por causa de la multitud de sus contrataciones, fue lleno de iniquidad y pecó. Esta es la primera aparición del pecado en la creación perfecta de Dios.

La versión de la Biblia de las Américas en el mismo verso 16, dice: «a causa de la abundancia de tu comercio». He estudiado este tema con detenimiento, y he encontrado varios sinónimos; contrataciones, comercio, transacciones, transportación. Estas palabras nos sugieren un intercambio.[5]

El comercio es un intercambio. Yo entrego una cantidad de dinero, y obtengo el producto que deseo. En un almacén, el dependiente recibe el dinero y me entrega lo que he comprado. Hay un transporte, hay una transacción, hay una contratación.

Cuando hablamos de intercambio hablamos de mercancías. ¿Qué mercancías podrían constituir el objeto del comercio o transacciones de Lucero? ¿Qué posible intercambio podría realizarse entre el Creador y su creación?

Grey Barnhouse afirma que las mercancías consistían en la autoridad de Dios, y la adoración del universo de criaturas creadas hacia el Creador.

Por su posición en el Santo Monte de Dios, entendemos que Lucero tenía el lugar de la máxima autoridad, sobre la creación. Por otro lado, ya hicimos referencia a la idea de la alabanza y adoración como resultado de las palabras: Santuario, tamboriles y flautas.

Concluimos entonces que mientras Lucero ejecutaba el intercambio propio de su sacerdocio, recibía de Dios la autoridad delegada y la ejercía sobre el resto de la creación, al

---

5. La relación de Dios con el hombre ha sido siempre una relación de dar y recibir; un intercambio. Dios nos ha dado la creación, vida natural, a Cristo, Vida Eterna, etc. Y el hombre recibe lo que Dios le da. Bien dice la escritura: «No puede el hombre recibir nada, si no le fuere dado del cielo» (Juan 3.27). Para mí, este concepto es especialmente impresionante, dado que aun en el momento del sacrificio de Cristo en la cruz, lo que se produjo fue un intercambio.

Él tomó nuestros pecados y nuestras rebeliones, Él se llevó nuestras dolencias, nuestras enfermedades y rechazo, y nos entregó su justicia, salvación, sanidad y nos hizo aceptos en el Amado.

La llamada «doctrina de la imputación», (lo que era nuestro fue sobre Él y lo suyo vino a ser nuestro), viene a ser «El Intercambio Divino». Término que por primera vez escuché de labios del renombrado autor Derek Prince. Cuando hablamos de intercambio o transacción, hablamos de mercancías.

tiempo que administraba la adoración que era ofrecida al Creador.[6] Llegó un momento en el cual, «se enalteció su corazón a causa de su hermosura, corrompió su sabiduría a causa de su esplendor, y a través de la iniquidad de sus contrataciones profanó su santuario». Llegó un momento en el cual, enaltecido, deseó para él mismo la adoración que solo le pertenece a Dios, y usurpando la autoridad de Dios, la tomó para sí. Se levantó en su corazón un deseo, una voluntad, distinta a la voluntad divina. Sin duda llegó a pensar que él mismo podía ocupar el lugar de Dios. Olvidando su condición de ser creado, ambicionó ser como el Creador.

La evidencia de que esto sucedió, proviene de la Palabra: «¡Cómo caíste del cielo, oh Lucero, hijo de la mañana! Cortado fuiste por tierra, tú que debilitabas a las naciones. *Tú que decías en tu corazón: Subiré al cielo; en lo alto junto a las estrellas de Dios, levantaré mi trono, y en el monte del testimonio me sentaré, a los lados del norte; sobre las alturas de las nubes subiré, y seré semejante al Altísimo*» (Isaías 14.12-14).

En este momento tan decisivo, suceden varias cosas simultáneamente *(Figura 2.2)*. Lucero conspira para usurpar el lugar de Dios,[7] se llena de iniquidad y peca, por lo cual Dios le echa de su Santo Monte. Pero en otra acción mucho más importante que el pecado individual de Lucero, lo que se produce por primera vez en la eternidad es la manifestación de una voluntad adicional a la de Dios. Nadie había osado jamás desafiar la voluntad del Creador. En ese instante, la creación entra en una etapa absolutamente distinta. *Ahora hay dos voluntades en el universo*. En realidad no me gusta hablar de dos voluntades. Siento que no es lo más correcto. Seguía existiendo una sola voluntad genuina, auténtica, la de Dios. La segunda, más bien se trata de rebelión, rebeldía o usurpación.

---

6. Aún en esta dispensación, Dios continúa buscando esa adoración (véase Juan 4.23).
7. «Seré semejante al Altísimo» es el clímax de su ambición (Isaías 14.14).

ORIGEN DE LA GUERRA ESPIRITUAL

ETERNIDAD

GÉNESIS 1.1
ISAÍAS 45.18
EZEQUIEL 28.12-15

ISAÍAS 14.12, 20-23
JEREMÍAS 4.23-28
GÉNESIS 1.2
EZEQUIEL 28.15-19

LA TIERRA DESORDENADA Y VACÍA

¿POR QUÉ?

EDÉN

POR EL SURGIMIENTO
- DE REBELIÓN
- USURPACIÓN
- DESAFÍO A LA AUTORIDAD

BELLEZA MINERAL

SOLO UNA VOLUNTAD

LA AUTORIDAD DE DIOS

UNA SEGUNDA VOLUNTAD

FIGURA 2.2

Cuando se produce el desafío a la autoridad de Dios, se rompe la armonía propia de una creación pre-adámica que funcionaba de una manera perfecta abriendo la puerta para el juicio divino, a la vez que Lucero se convierte en el objeto de la ira de Dios.

«Mas tú derribado eres hasta el Seol, a los lados del abismo. Se inclinarán a ti los que te vean, te contemplarán, diciendo: ¿Es éste aquel varón que hacía temblar la tierra, que trastornaba los reinos; Que puso el mundo como un desierto, que asoló las ciudades, que a sus presos nunca abrió la cárcel?» (Isaías 14.15-17).

En su pecado, Lucero conspiró reclutando un número de los seres creados por Dios (Apocalipsis 12.1-12). Cuando se produjo el juicio de Dios, Él hubiera podido destruir a Satanás y a estos seres que con él se rebelaron, pero no lo hizo. En cambio, decidió permitir que la creación de Dios que fue testigo de la rebelión, presenciara también sus consecuencias. Y, para vencer a Lucero, ahora convertido en Satanás, Dios en su sabiduría escogió a una criatura llamada «el hombre».

El juicio divino

El juicio de Dios es desatado sobre toda la creación. Evidencia de la catástrofe producida por ese juicio se encuentra en Jeremías 4.23 que dice (recuerden que Dios había creado la tierra perfecta): «Miré a la tierra, y he aquí que estaba *asolada y vacía*; y a los cielos, y no había en ellos luz. Miré a los montes, y he aquí que temblaban, y todos los collados fueron destruidos. Miré, y no había hombre, y todas las aves del cielo se habían ido. Miré, y he aquí el campo fértil era un desierto, y todas sus ciudades eran asoladas delante de Jehová, delante del ardor de su ira. Porque así dijo Jehová: Toda la tierra será asolada; pero no la destruiré del todo. Por esto se enlutará la tierra, y los cielos arriba se oscurecerán, porque hablé, lo pensé, y no me arrepentí, ni desistiré de ello».

La Biblia de las Américas nos dice: «Miré a la tierra y he aquí que estaba *sin orden y vacía*». Espero que resulte obvio al lector que Dios está hablando de la misma frase de Génesis 1.2.[8]

El apóstol San Pedro añade: «Estos ignoran voluntariamente que en el tiempo antiguo fueron hechos por la Palabra de Dios los cielos, y también la tierra, que proviene del agua y por el agua subsiste, por lo cual *el mundo de entonces pereció anegado en agua*; pero los cielos y la tierra *que existen ahora*, están reservados por la misma palabra, guardados para el fuego en el día del juicio y de la perdición de los hombres impíos» (2 Pedro 3.5-7). El apóstol establece con claridad una distinción entre el «mundo de entonces» que pereció anegado, y «los cielos y la tierra que existen ahora», guardados para el fuego en el día del juicio. Creer que se refiere al diluvio del tiempo de Noé no tiene sentido, puesto que en esa ocasión el mundo no pereció completamente.

Según el apóstol Pedro, el mundo de entonces, fue anegado, cubierto completamente con agua. Génesis 1.6-8 nos da el recuento del segundo día de la creación: «Luego dijo Dios: Haya expansión en medio de las aguas, y separe las aguas de las aguas. E hizo Dios la expansión, y separó las aguas que estaban debajo de la expansión de las aguas que estaban sobre la expansión. Y fue así. Y llamó Dios a la expansión cielos, y fue la tarde y la mañana el día segundo». De acuerdo a la Palabra, el primer día fue creada la luz, y separada de las tinieblas. ¿De dónde salió entonces esa agua que cubría los cielos y la tierra, y que debió ser separada en dos expansiones si no del juicio del que habla Pedro?

---

8. Si bien podríamos llevar a cabo el estudio de cada una de las palabras en hebreo, he tratado de evitar ese trabajo al lector, con el fin de hacer más fluido el texto de nuestro estudio.

El gran paréntesis

A raíz de la rebelión y juicio de Lucero, se produce en él un proceso degenerativo, cuya duración desconocemos. Seguramente se habrá tratado de un período muy largo de tinieblas, para permitir que aquel ser que era el sello de la perfección se corrompiera hasta convertirse en Satanás, el enemigo de Dios. Qué sentido de incapacidad habrá experimentado Satanás, al darse cuenta de que sin Dios, no tenía ninguna habilidad creadora, ninguna posibilidad de hacer nada para evitar el estado caótico en que quedó la creación a causa de su rebelión. «Y la tierra estaba desordenada y vacía, y las tinieblas estaban sobre la faz del abismo, y el Espíritu de Dios se movía sobre la faz de las aguas» (Génesis 1.2).

Este es el momento en que Dios decide finalizar la etapa de eternidad, y la interrumpe abriendo un paréntesis, que nosotros denominaremos «Los tiempos de la Biblia» *(Figura 2.3)*.

Dios interviene con el poder de su Palabra, y con una sola frase termina la etapa de oscuridad. «Y dijo Dios: sea la luz; y fue la luz. Y vio Dios que la luz era buena; y separó Dios la luz de las tinieblas» (Génesis 1.3-4).

Con este pasaje da inicio la semana de seis días de trabajo y uno de descanso en la cual Dios «compuso», su creación. Algunos llaman a esta semana la de la re-creación, o segunda creación. Durante este tiempo hacen su aparición los mares, los árboles, la hierba, el sol y las estrellas y los demás elementos naturales que nos son tan familiares. Este es el Edén al que estamos acostumbrados.

Imagínese que en medio de toda esta dinámica, los seres enjuiciados por Dios corren asombrados de un lugar a otro, viendo desenvolverse delante de ellos una nueva creación, cuando de pronto Dios dice: «Hagamos al hombre a nuestra imagen y semejanza». Y este ser inmundo, el diablo, escucha y dice: «¿Al qué?» Y los otros le contestan: «¿Dijo al hombre?» «¿Qué es el hombre? Averigüen qué es el hombre». Pero nadie sabe, sólo Dios tiene la respuesta.

FIGURA 2.3

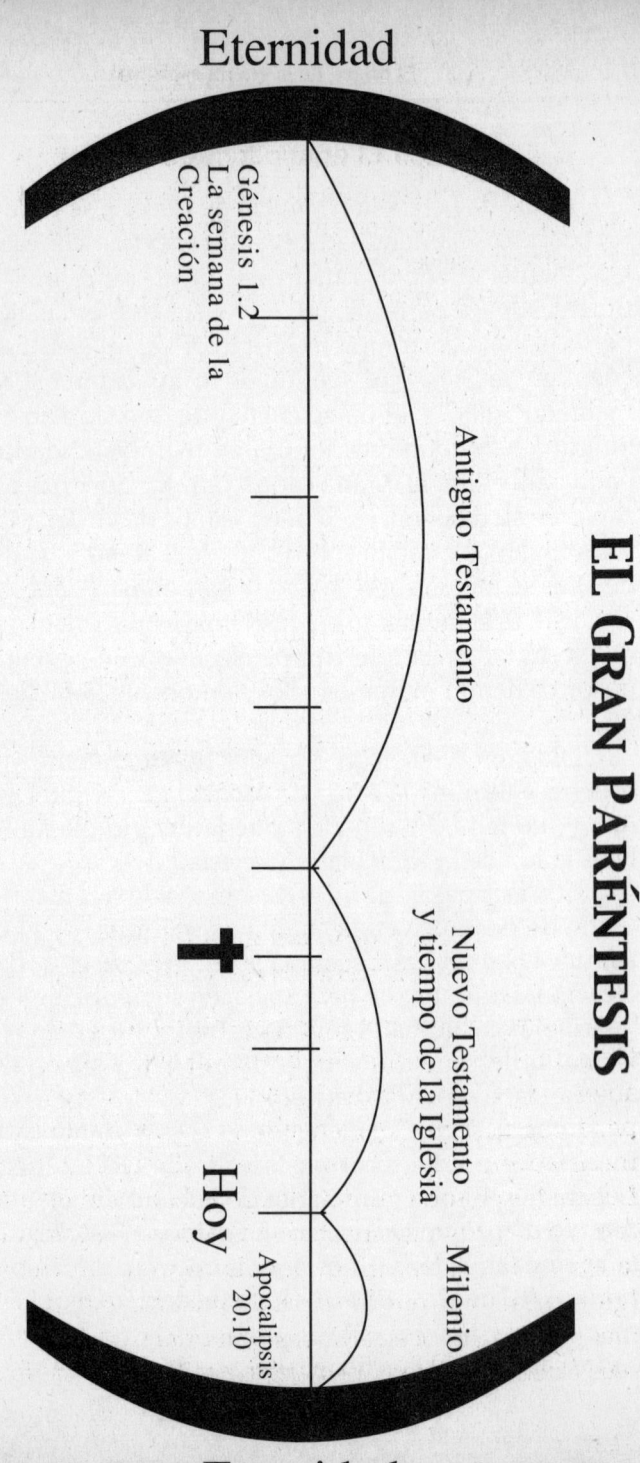

EL GRAN PARÉNTESIS

Eternidad

Génesis 1.2
La semana de la Creación

Antiguo Testamento

Nuevo Testamento y tiempo de la Iglesia

Hoy

Apocalipsis 20.10

Milenio

Eternidad

Si el diablo era ya un ser lleno de amargura y de celos, aquí se consumió a causa de ellos. Dijo: «¿Dios va a hacer a alguien conforme a su imagen, conforme a su semejanza? ¿Cómo será ese ser si yo soy el sello de la perfección?»

En un acto maestro de misericordia y sabiduría infinita Dios diseñó un plan perfecto en el que creó a una criatura, poco menor que los ángeles (Salmo 8.5), para ocupar una posición de señorío.

«Entonces dijo Dios: Hagamos al hombre a nuestra imagen, conforme a nuestra semejanza; y señoree en los peces del mar, en las aves de los cielos, en las bestias, en toda la tierra, y en todo animal que se arrastra sobre la tierra. Y creó Dios al hombre a su imagen, a imagen de Dios lo creó, varón y hembra los creó. Y los bendijo Dios, y les dijo: Fructificad y multiplicaos; llenad la tierra, y sojuzgadla, y señoread en los peces del mar, en las aves de los cielos, y en todas las bestias que se mueven sobre la tierra» (Génesis 1.26-28).

Como si esto fuera poco, Jesús le dice a la Iglesia: «He aquí os doy potestad de hollar serpientes y escorpiones, y sobre toda fuerza del enemigo, y nada os dañará» (Lucas 10.19).

El contenido del gran paréntesis, «los tiempos de la Biblia»

La cronología del gran paréntesis da inicio el día que Dios dice: «Sea la luz». A partir de allí, y como lo dijimos anteriormente, tenemos el plazo de una semana. Esta forma parte del Antiguo Testamento, la división que dura más o menos cuatro mil años hasta el nacimiento de Jesucristo. Luego, la segunda gran división de la Biblia: El Nuevo Testamento, y el tiempo posterior al Nuevo Testamento que es la era en la cual vivimos, que llamaremos el Tiempo de la Iglesia. Este período dura aproximadamente dos mil años más, y nos conduce al Milenio. Al final de estos mil años de paz, existe un período de tiempo en el cual el diablo es suelto de su prisión de donde saldrá para engañar a las naciones... (Apocalipsis 20.7-8), luego de lo cual el plan temporal de Dios alcanza el gran final.

«Luego el fin, cuando entregue el reino al Dios y Padre, cuando haya suprimido todo dominio, toda autoridad y potencia. Porque preciso es que Él reine hasta que haya puesto a todos sus enemigos debajo de sus pies. Y el postrer enemigo que será destruido es la muerte. Porque todas las cosas las sujetó debajo de sus pies. Y cuando dice que todas las cosas han sido sujetadas a Él, claramente se exceptúa aquel que sujetó a Él todas las cosas. Pero luego que todas las cosas le estén sujetas, entonces también el Hijo mismo se sujetará al que le sujetó a él todas las cosas, para que Dios sea todo en todos» (1 Corintios 15.24-28).

Este pasaje indica el fin de la guerra espiritual. El momento final del conflicto. Este será el día que Cristo haya vencido a cada uno de sus enemigos, y les ponga por estrado de sus pies. Terminados todos sus enemigos (Apocalipsis 20.9), perece también la expresión de una voluntad rebelde en la tierra.

«Y juró por el que vive por los siglos de los siglos, que creó el cielo y las cosas que están en Él, y la tierra y las cosas que están en ella, y el mar y las cosas que están en Él, *que el tiempo no sería más*» (Apocalipsis 10.6).

Decir que el tiempo no será más, no significa que se acabará el tiempo, sino más bien que el concepto mismo de temporalidad ya no existirá.

«Y el diablo que los engañaba fue lanzado en el lago de fuego y azufre, donde estaban la bestia y el falso profeta; y serán atormentados día y noche *por los siglos de los siglos*» (Apocalipsis 20.10).

Esta es la manera gloriosa de Dios de anunciar el término de una era y la gran entrada a la próxima eternidad. Por los siglos de los siglos marca el retorno a la eternidad donde ya no existe una segunda voluntad, ni una autoridad usurpada. Los propósitos de Dios han sido cumplidos y todo regresa a ser la creación perfecta de Dios, donde sus hijos reinan sobre la tierra como reyes y sacerdotes para Dios (Apocalipsis 1.6; 5.10). *(Figura 2.4)*

«*Ví un cielo nuevo y una tierra nueva; porque el primer cielo y la primera tierra pasaron, y el mar ya no existía más. Y yo Juan vi la santa ciudad, la nueva Jerusalén, descender del cielo, de Dios, dispuesta como una esposa ataviada para su marido. Y oí una gran voz del cielo que decía: He aquí el tabernáculo de Dios con los hombres, y Él morará con ellos; y ellos serán su pueblo, y Dios mismo estará con ellos como su Dios. Enjugará Dios toda lágrima de los ojos de ellos; y ya no habrá muerte, ni habrá más llanto, ni clamor, ni dolor; porque las primeras cosas pasaron. Y el que estaba sentado en el trono dijo: He aquí, yo hago nuevas todas las cosas. Y me dijo: Escribe; porque estas palabras son fieles y verdaderas. Y me dijo: Hecho está. Yo soy el Alfa y la Omega, el principio y el fin. Al que tuviere sed, yo le daré gratuitamente de la fuente del agua de la vida. El que venciere heredará todas las cosas, y yo seré su Dios, y él será mi hijo. Pero los cobardes e incrédulos, los abominables y homicidas, los fornicarios y hechiceros, los idólatras y todos los mentirosos tendrán su parte en el lago que arde con fuego y azufre, que es la muerte segunda. Vino entonces a mí uno de los siete ángeles que tenían las siete copas llenas de las siete plagas postreras, y habló conmigo, diciendo: Ven acá, yo te mostraré la desposada, la esposa del Cordero. Y me llevó en el Espíritu a un monte grande y alto, y me mostró la gran ciudad santa de Jerusalén, que descendía del cielo, de Dios, teniendo la gloria de Dios. Y su fulgor era semejante al de una piedra preciosísima, como piedra de jaspe, diáfana como el cristal. Tenía un muro grande y alto con doce puertas; y en las puertas, doce ángeles, y nombres inscritos, que son los de las doce tribus de los hijos de Israel; al oriente tres puertas; al norte tres puertas; al sur tres puertas; al occidente tres*

ORIGEN DE LA GUERRA ESPIRITUAL

ETERNIDAD

APOCALIPSIS 21.1-27

APOCALIPSIS 22.1-5

APOCALIPSIS 20.10
1 Co 15.24-26

NUEVA JERUSALÉN

BELLEZA MINERAL

SOLO UNA VOLUNTAD

LA AUTORIDAD DE DIOS

FIGURA 2.4

puertas. Y el muro de la ciudad tenía doce cimientos, y sobre ellos los doce nombres de los doce apóstoles del Cordero. El que hablaba conmigo tenía una caña de medir, de oro, para medir la ciudad, sus puertas y su muro. La ciudad se halla establecida en cuadro, y su longitud es igual a su anchura; y él midió la ciudad con la caña, doce mil estadios; la longitud, la altura y la anchura de ella son iguales. Y midió su muro, ciento cuarenta y cuatro codos, de medida de hombre, la cual es de ángel. El material de su muro era de jaspe; pero la ciudad era de oro puro, semejante al vidrio limpio; y los cimientos del muro de la ciudad estaban adornados con toda piedra preciosa. El primer cimiento era jaspe; el segundo, zafiro; el tercero, ágata; el cuarto, esmeralda; el quinto, ónice; el sexto, cornalina; el séptimo, crisólito; el octavo, berilo; el noveno, topacio; el décimo, crisopraso; el undécimo, jacinto; el duodécimo, amatista. Las doce puertas eran doce perlas; cada una de las puertas era una perla. Y la calle de la ciudad era de oro puro, transparente como vidrio. Y no vi en ella templo; porque el Señor Dios Todopoderoso es el templo de ella, y el Cordero. La ciudad no tiene necesidad de sol ni de luna que brillen en ella; porque la gloria de Dios la ilumina, y el Cordero es su lumbrera. Y las naciones que hubieren sido salvas andarán a la luz de ella; y los reyes de la tierra traerán su gloria y honor a ella. Sus puertas nunca serán cerradas de día, pues allí no habrá noche. Y llevarán la gloria y la honra de las naciones a ella. No entrará en ella ninguna cosa inmunda, o que hace abominación y mentira, sino solamente los que están inscritos en el libro de la vida del Cordero. Después me mostró un río limpio de agua de vida, resplandeciente como cristal, que salía del trono de Dios y del Cordero. En medio de la calle de la ciudad, y a uno y a otro lado del río, estaba el árbol de la vida, que produce doce frutos, dando cada mes su fruto; y las hojas del árbol eran para la sanidad de las naciones. Y no habrá más maldición; y el trono de Dios y del Cordero estará en ella, y sus siervos le servirán, y verán su rostro, y su nombre estará en sus frentes. No habrá allí más noche; y no tienen necesidad de luz de lámpara, ni de luz del sol, porque Dios el Señor los iluminará, y reinarán por los siglos de los siglos.

Apocalipsis 21.1—22.5

La historia de la creación de Dios consiste entonces, de una eternidad, interrumpida por un paréntesis temporal donde el ser humano debe enfrentar el mal.

Paul E. Billheimer en su obra, Destinados a Vencer[9], sugiere que en la sabiduría de Dios, nuestro paso por este mundo, y el enfrentamiento contra las fuerzas del mal, es en realidad un entrenamiento para reinar con Él por la eternidad.

Una vez el paréntesis termina, las cosas vuelven a su estado original. Una eternidad donde Dios gobierna. Una sola voluntad, una sola autoridad divina. Un reino bellísimo de índole eminentemente mineral en el cual los hijos de Dios vivirán por los siglos de los siglos.

La característica de «los tiempos de la Biblia» *(Figura 2.5)*

Debido a que nos ha tocado vivir en el tiempo en el cual conviven dos voluntades la característica básica en el mundo en que vivimos es la dicotomía, el dualismo, la dualidad[10].

---

9. Paul E. Billheimer Destined to Overcome, The Technique of Spiritual Warfare, Kingsway Publications.
10. A causa de ello, ahora existe la maldición, la muerte, las tinieblas, etc. Si usted observa con cuidado, Zacarías 14.11 y Apocalipsis 22.3-5 son claros diciendo que ya no habrá más muerte, ni más maldición. Tampoco se necesitará luz del sol, porque no habrá noche. Es decir, esta dualidad está confinada al tiempo presente, pero cuando entremos de nuevo a la eternidad todas estas calamidades fruto de la rebelión, dejarán de existir. Volveremos a tener el Reino exclusivo de la «voluntad de Dios».

ORIGEN DE LA GUERRA ESPIRITUAL

Los tiempos de la Biblia

ETERNIDAD

GÉNESIS 1.1
ISAÍAS 45.18
EZEQUIEL 28.12-15

EDÉN

BELLEZA MINERAL

SOLO UNA VOLUNTAD

TIEMPO

EL INTERVALO ENTRE LAS 2 ETERNIDADES

Génesis 1.2 La semana de re-creación Génesis 1.3
El hombre es creado Génesis 1.26-27
La caída del hombre   Apocalipsis 20.10

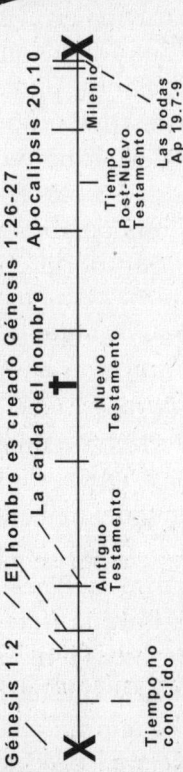

Antiguo Testamento — Nuevo Testamento — Tiempo Post-Nuevo Testamento — Milenio

Las bodas Ap 19.7-9

Tiempo no conocido

2 VOLUNTADES
- 1 VOLUNTAD (LA DE DIOS)
- 1 REBELIÓN (LA DEL DIABLO)

DUALISMO
DICOTOMÍA
DUALIDAD

BIEN	=	MAL
NORTE	=	SUR
FRÍO	=	CALOR
BENDICIÓN	=	MALDICIÓN
ÁRBOL DE LA VIDA	=	ÁRBOL DEL CONOCIMIENTO DEL BIEN Y DEL MAL

ETERNIDAD

APOCALIPSIS 21.1-27
APOCALIPSIS 22.1-5

NUEVA JERUSALÉN

BELLEZA MINERAL

SOLO UNA VOLUNTAD

FIGURA 2.5

Para nosotros es muy natural que haya bueno y malo, negro y blanco, norte y sur, frío y caliente. Experimentamos esa dualidad en todas las áreas de la vida. Delante de nosotros siempre hay una doble posibilidad, dos caminos. El camino angosto o el camino ancho. Podemos ir al norte o al sur, a la derecha o a la izquierda. Siempre hay delante de nosotros una disyuntiva, una bifurcación en el camino.

Por esta razón hubo dos árboles en el jardín. Era necesario que existiesen dos opciones, para que fuera posible el ejercicio del libre albedrío. Dios no quiere tener un robot, Dios quiere tener una Iglesia que escoja voluntariamente amarle, adorarle y seguir su voluntad. Junto con los dos árboles, hace su entrada una palabra que no se conocía. La muerte. «Porque el día que de él comiereis, ciertamente morirás» (Génesis 2.17).

Si el lector es cuidadoso se dará cuenta que uno de esos dos árboles, el de la vida, que representa la voluntad de Dios, es preservado, y aparece de nuevo en la eternidad futura. «En medio de la calle de la ciudad, y a uno y a otro lado del río, estaba el árbol de la vida...» (Apocalipsis 22.2). Más el árbol del conocimiento del bien y del mal, no reaparece jamás.

Una y otra vez escuchamos a manera de broma que se trataba de un árbol de manzana. Pienso que este argumento tiene un origen satánico, porque trata de hacer lucir como inocente, algo que Dios prohibió rotundamente. Si participar del árbol de vida produciría que el hombre viviera para siempre (Génesis 3.22), es natural asumir que el árbol del conocimiento del bien y del mal, produciría exactamente eso: Conocimiento del bien y del mal.

Cuando Dios dijo al hombre: «Más del árbol de la ciencia del bien y del mal no comerás; porque el día que de él comieres, ciertamente morirás» (Génesis 2.17), se refería a que ese conocimiento del bien y del mal, contenía una semilla que traería muerte al hombre. ¿Muerte física? No, sino que muerte espiritual, separación de Dios. Notemos que Adán comió y aún vivió muchos años después de ello. Pero los vivió separado de la comunión con Dios de la que una vez había gozado. Similar a lo que le sucede a todos aquellos que buscan el conocimiento en el ocultismo, sectas, adivinación, etc. De hecho he pensado que el conocimiento del bien ya era una posesión del hombre. Ya conocía a Dios. Lo que lo dañaría sin duda, sería el conocimiento del mal.

De manera que ahora ya existen dos voluntades, hay dos árboles en el jardín, el dualismo está presente en todas partes. Lo que viene no es sino el próximo paso lógico. Hay dos reinos. El Reino de Dios, y el reino de las tinieblas (Lucas 11.18). En el próximo capítulo estudiaremos la interacción del creyente con ambos reinos y descubriremos que el ser humano es el personaje central en el conflicto que llamamos guerra espiritual. *(Figura 2.6)*

TIEMPOS DE LA BIBLIA

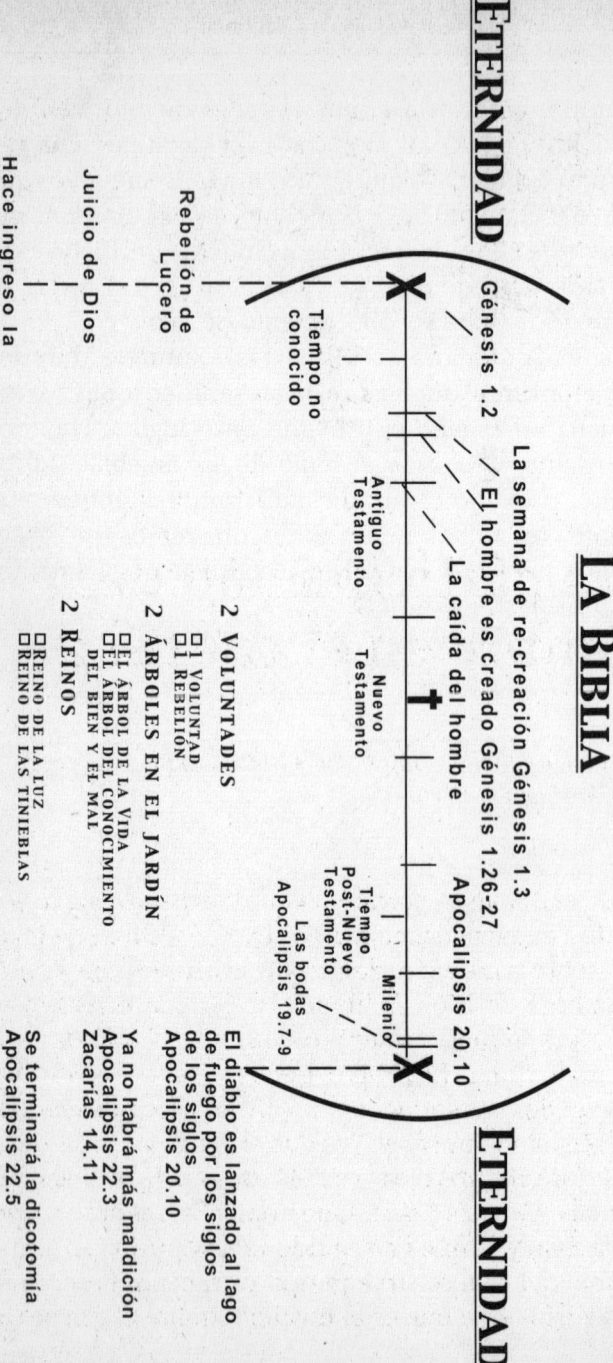

ETERNIDAD

- Rebelión de Lucero
- Juicio de Dios
- Hace ingreso la maldición

Tiempo no conocido

Génesis 1.2

La semana de re-creación Génesis 1.3
El hombre es creado Génesis 1.26-27
La caída del hombre

Antiguo Testamento

Nuevo Testamento

Apocalipsis 20.10

Milenio

Las bodas Apocalipsis 19.7-9

Tiempo Post-Nuevo Testamento

2 VOLUNTADES
- 1 VOLUNTAD
- 1 REBELIÓN

2 ÁRBOLES EN EL JARDÍN
- EL ÁRBOL DE LA VIDA
- EL ÁRBOL DEL CONOCIMIENTO DEL BIEN Y EL MAL

2 REINOS
- REINO DE LA LUZ
- REINO DE LAS TINIEBLAS

- El diablo es lanzado al lago de fuego por los siglos de los siglos Apocalipsis 20.10
- Ya no habrá más maldición Apocalipsis 22.3 Zacarías 14.11
- Se terminará la dicotomía Apocalipsis 22.5

ETERNIDAD

FIGURA 2.6

4

La participación del hombre en el conflicto

Venga tu reino. Hágase tu voluntad, como en el cielo, así también en la tierra.

Mateo 6.10

Cuando el diablo se percató de que existía un nuevo ser, creado a imagen y semejanza de Dios y destinado a tener el señorío sobre la creación, desarrolló su propio plan y quiso destruir la obra de Dios. El ataque de Satanás consistió en tentar a Adán y Eva exactamente con la misma iniquidad que constituyó su ruina. El propio Lucifer había querido ser semejante a Dios. Y eso fue lo que ofreció a Eva diciéndole: «No moriréis; sino que sabe Dios que el día que comáis de él, serán abiertos vuestros ojos, y seréis como Dios, sabiendo el bien y el mal» (Génesis 3.4-5). ¡Qué ironía! Esta es el arma que usó contra Eva, y la que ha seguido usando primero con el humanismo, del cual se sirve para convencer al hombre de que no hay Dios sino que es el mismo hombre el centro del universo. Su más reciente estrategia ha sido la llamada «Nueva Era», cuya consigna es: «Llegará un día en que a través de la iluminación seréis dioses». Realmente no existe tal nueva era. Es la misma mentira antiquísima del diablo.

La enseñanza que nosotros podemos extraer de la tentación y la caída del hombre, constituye una clave primordial para comprender la guerra espiritual.

La Biblia dice con claridad absoluta que Eva, siendo engañada, incurrió en transgresión (véase 1 Timoteo 2.13). Transgredir significa: Quebrantar, violar un precepto, ley o estatuto. Esto es lo que llamamos desobediencia. En el segundo Edén había un árbol del que estaba prohibido comer. Y esto es precisamente lo que Adán y Eva hicieron. Ellos decidieron voluntariamente violar la prohibición, actuando sin tener en cuenta la voluntad de Dios.

En otras palabras, Adán y Eva, efectuaron una decisión voluntaria. Optaron por desechar la voluntad de Dios, y adoptar la «otra voluntad». Al haber decidido alinearse con la voluntad del diablo, se hicieron rebeldes junto a él, y de esa forma, traicionando a Dios, le entregaron a Satanás el lugar de señorío que Dios les había concedido. El diablo llegó a ser el príncipe de este mundo, príncipe de la potestad del aire y dios de este siglo (Juan 14.30, Efesios 2.2 y 2 Corintios 4.4).

El sistema «mundo»

La palabra «kosmos» que se traduce en la Biblia como «mundo» nos habla de sistema u orden social, un conjunto complejo de «órdenes y estructuras»[1] que sostienen la vida en sociedad. Por la palabra contenida en 2 Pedro 3.6 sabemos que hubo un orden social que pereció, y otro, que subsiste

---

1. Ordenes y estructuras son dos palabras sobre las que regresaremos una y otra vez. Valga por el momento mencionar la palabra rudimentos o «*stoicheia*».

hoy. Este mundo vigente, sus condiciones y su futuro tienen especial importancia para nuestro estudio.

La Palabra es muy clara. En su origen todas las cosas fueron hechas buenas.

«El es la imagen del Dios invisible, el primogénito de toda creación. Porque en él fueron creadas todas las cosas, las que hay en los cielos y las que hay en la tierra, visibles e invisibles; sean tronos, sean dominios, sean principados, sean potestades; todo fue creado por medio de él y para él» (Colosenses 1.15-16).

«Y vio Dios todo lo que había hecho, y he aquí que era bueno en gran manera» (véase Génesis 1.31).

Desde el instante en que existían dos voluntades, el sistema ya era distinto. Pero, cuando el hombre escoge renunciar a la voluntad de Dios, para tomar el camino de la rebelión, comiendo del fruto del árbol prohibido, todo cambia. Hace su entrada el conocimiento del bien y del mal. La humanidad ahora posee un conocimiento que le corrompe, le envenena. Adán, que una vez fue creado a imagen y semejanza de Dios, ahora se reproduce en su estado «caído». «Y vivió Adán ciento treinta años, y engendró un hijo *a su semejanza, conforme a su imagen*, y llamó su nombre Set» (Génesis 5.3). Ahora la humanidad misma lleva en sí la semilla del mal, (véase Romanos 8.21-24) que transmite de generación en generación. «Por tanto, como el pecado entró en el mundo por un hombre, y por el pecado la muerte, así la muerte pasó a todos los hombres, por cuanto todos pecaron» (Romanos 5.12).

En el momento en que el diablo accede al sitio de autoridad sobre el hombre y la creación, el mundo contaminado y corrupto se convierte en su vehículo de expresión. Un sistema diseñado para mantener a la humanidad en la esclavitud (véase Juan 12.31 y Efesios 2.2). La Biblia nos enseña que desde entonces, «el mundo» sirve a los propósitos del diablo.

«Sabemos que somos de Dios, y el mundo entero está bajo el maligno» (1 Juan 5.19).

Por esa razón, una persona no renovada, una persona natural, se encuentra en su medio o hábitat natural en el «mundo», pero un creyente, es un extranjero en el «mundo».

Juan 17.14-16 dice, «Yo les he dado tu palabra; y el mundo los aborreció, *porque no son del mundo,* como tampoco yo soy del mundo. No ruego que los quites del mundo, sino que los guardes del mal. No son del mundo, como tampoco yo soy del mundo».

Allí estuvimos nosotros esclavizados hasta que fuimos arrebatados, libertados y trasladados al Reino de Dios. (Colosenses 1.13).

«Así también nosotros, cuando éramos niños, estábamos en esclavitud bajo los rudimentos del mundo» (Gálatas 4.3).

Sin embargo, la prueba de que el mundo es un conjunto de estructuras complejas diseñadas para atrapar a la humanidad y mantenerla presa (2 Corintios 4.4) es que Dios nos llama la atención acerca del riesgo de que un creyente, ya libertado, pueda otra vez ser capturado por las estructuras del sistema «mundo».

Gálatas 4.9 dice, «más ahora, conociendo a Dios, o más bien, siendo conocidos por Dios, ¿cómo es que os volvéis de nuevo a los débiles y pobres rudimentos, a los cuales os queréis volver a esclavizar?»

Creo que los creyentes en general ignoran la profundidad de este tema. El mundo es un sistema corrupto que tiene el poder de esclavizar a los seres humanos a través de la manera de pensar. Cuando estudiemos las «fortalezas» comprenderemos los alcances verdaderos de este sistema complejo de órdenes y estructuras invisibles.

«Mirad que nadie os engañe por medio de filosofías y huecas sutilezas, según las tradiciones de los hombres, conforme a los rudimentos del mundo, y no según Cristo» (Colosenses 2.8).

Un sueño revelador

Estoy muy agradecido con Dios porque la mayoría del material que usted lee me ha sido revelado por Él en su misericordia y compasión. Es cierto que he estudiado el tema. Tengo una biblioteca especializada que, cuando el Dr. Peter Wagner llegó a mi casa y la vio, exclamó: «Tu biblioteca de guerra espiritual es más grande que la mía». Pero es justo reconocer que mucho del material que estudiamos se debe al amor de Dios y a su intervención sobrenatural.

Cierto sábado por la noche, después de haber terminado mi preparación para el día siguiente me dirigí a la cama. Tenía el mensaje dominical, había orado y sentí que mi descanso sería normal.

A media noche tuve un sueño extraordinario, en el que sentí la presencia de Dios y escuché su voz: «Esta noche deseo que hagamos algo especial, voy a pasarte un examen». De pronto bajó una pantalla muy grande mientras yo escuchaba la primera pregunta: «¿Cuántas fuentes de poder hay en el universo?» Respondí con otra pregunta: «¿Fuentes de poder?» El Señor asintió: «Sí, dime, ¿quién tiene poder en el universo?» Yo dije: «Tú, por supuesto, Señor, Dios».

De alguna forma, yo podía escribir en esa pantalla como si se tratara de un pizarrón. *(Figura 3.1)* Escribí del lado izquierdo, arriba, así con letras mayúsculas: DIOS. Y dije: «Tú, Padre, tú eres fuente de poder, tú eres el Todopoderoso», y por supuesto, yo escribí allí: Padre, Hijo y Espíritu Santo.

Pienso que no necesito citar los versículos que demuestran que Dios es Todopoderoso. Él es el único Creador de los cielos y la tierra. Entonces Dios me dijo: «Está bien, enséñame otra fuente generadora de poder».

«Está bien», contesté, y apunté abajo con minúsculas: el diablo.

Dios preguntó: «¿El diablo?» Yo respondí: «Sí, Señor, el diablo tiene poder; ¿O no tiene poder el diablo?» Él replicó haciéndome escribir una lista de pasajes: Apocalipsis 1.18,

LAS FUENTES DE PODER

DIOS

Padre
Hijo
Espíritu Santo

FIGURA 3.1

Mateo 28.18, Colosenses 2.15 y Hebreos 2.14. *(Figura 3.2)* Yo continué escribiendo lo que Él me dictaba, cuando Él dijo: «Léeme esos versículos».

Yo obedecía intrigado. Entonces leí el pasaje donde Dios dice: Yo soy «el que vivo y estuve muerto, más he aquí que vivo por los siglos de los siglos, amén. Y tengo las llaves de la muerte y del Hades» Apocalipsis 1.18. Entonces, el Señor indicó: «¿Qué entiendes?» Y yo respondí: «Jesús dice que Él es el que vive y estuvo muerto, más he aquí que Él vive por los siglos de los siglos y Él tiene las llaves de la muerte y del Hades». Y el Señor interrumpió: «¿Quién tiene las llaves?» Contesté: «Jesús las tiene. Sí Señor, Jesús las tiene». «¿Entonces qué llaves tiene el diablo?», preguntó Él. Yo reconocí: «No tiene llaves. Porque si las tiene Jesús, no las puede tener el diablo».

Entonces el Señor prosiguió: «Léeme Mateo 28.18» y yo dije: «Tú lo sabes Señor. Es Jesucristo de nuevo quien habla, diciendo: Toda potestad me es dada en el cielo y en la tierra...» Después de que Él me hizo repetirlo, me preguntó: «¿Qué potestad tiene el diablo?»

Mi respuesta fue rotunda. «Ninguna, porque es Jesucristo quien tiene toda potestad, en el cielo y en la tierra». En ese momento mi corazón comenzaba a entender lo que Él se proponía enseñarme.

Y luego Él propuso: «¿Por qué no me lees Colosenses 2.15?»

«Y despojando a los principados y a las potestades, los exhibió públicamente, triunfando sobre ellos en la cruz». En el sueño el Señor se encargó de enfatizar que fue Cristo quien despojó a los principados y potestades, exhibiéndolos públicamente y triunfando sobre ellos en la cruz. «¿Qué poder tiene el diablo? ¿y los principados? ¿y las potestades?» Preguntó el Señor. «No tienen ninguna clase de poder. Jesús los despojó de todo poder» respondí.

Por último el Señor dijo: «Léeme Hebreos 2.14». Una vez más el pasaje se refería a la obra de Cristo. «Así que, por

LAS FUENTES DE PODER

DIOS

Padre
Hijo
Espíritu Santo

el diablo

Apocalipsis 1.18
Mateo 28.18
Colosenses 2.15
Hebreos 2.14

FIGURA 3.2

cuanto los hijos participaron de carne y sangre, Él también participó de lo mismo, para *destruir por medio de la muerte al que tenía el imperio de la muerte, esto es, al diablo*». Por medio de su sacrificio Cristo condena al diablo,[2] y cierra la puerta que había abierto Adán.[3]

«Entonces», preguntó de nuevo, «¿qué poder tiene el diablo?» Mientras yo tachaba con una gran letra X la palabra «diablo», respondí: «Ninguno Señor, ninguno». *(Figura 3.3)*

Le ruego detenerse un momento, y analice. Dios tiene poder. Él es una fuente generadora de poder. Pero el diablo, no tiene ninguno, porque todo poder le fue quitado. Ponga esto en su corazón:

1. El diablo no tiene poder porque no tiene llaves.

2. Porque dice la Palabra de Dios que no tiene potestad.

3. Porque fue despojado y exhibido públicamente.

4. Porque fue destruido o anulado.

Inmediatamente después, Dios procedió a dibujar tres círculos concéntricos en el medio de la pantalla, y me mandó a escribir sobre ellos: El hombre. En ese instante entendí de qué se trataba, porque he estado acostumbrado a usar esos tres círculos para describir la división del hombre en tres partes: espíritu, alma y cuerpo (1 Tesalonisenses 5.23). Al ver la pantalla comprendí que se trataba de una lista de los seres del universo. La deidad en la derecha superior. El diablo (y sin duda sus demonios) en la parte inferior derecha, y en el centro: El hombre. *(Figura 3.4)*

---

2. Sentencia que se ejecutará de acuerdo a Apocalipsis 20.10.
3. Cuando Adán escogió la otra voluntad.

DIOS

- Padre
- Hijo
- Espíritu Santo

Apocalipsis 1.18
Mateo 28.18
Colosenses 2.15
Hebreos 2.14

LAS FUENTES DE PODER

FIGURA 3.3

Seguidamente Dios, señalando el círculo exterior, que simboliza el cuerpo, preguntó: «¿Tiene poder el cuerpo humano? ¿Es capaz el cuerpo humano de generar poder?» La respuesta de mi parte no se hizo esperar. «No Señor, por supuesto que no». Es un hecho bíblico y científico que el cuerpo humano se va desgastando de día en día (2 Corintios 4.16).

Entonces prosiguió: «¿Y qué hay del espíritu del hombre? ¿Tiene poder?» Respondí: «Bueno... sí y no». Contesté de esta forma porque ciertamente tiene poder el hombre renacido, más se trata del poder del Espíritu Santo, no del espíritu humano. O sea que no se trata de otra fuente de poder, sino de la misma que incluimos en el apartado de la Deidad: Padre, Hijo y *Espíritu Santo*. Y, si hablamos del hombre que no conoce a Dios, no podemos hablar de él como templo del Espíritu de Dios.

Llegó el momento de la última pregunta, y esta fue: «Hijo, ¿qué nos queda?» A lo que contesté: «El alma del hombre, Señor».

Y concluí que el alma del hombre es la única fuente alternativa de poder en el universo. El alma del hombre tiene poder. El poder de decidir qué hacer con el señorío o autoridad que el Señor le dio.

Verá usted, querido lector, el alma del ser humano tiene tres partes: Mente, emociones y voluntad. Detengámonos un momento acá y recordemos que el hombre es el único ser creado a imagen y semejanza de Dios. El hombre es el único que tiene capacidad para pensar porque tiene mente. Capacidad para sentir porque tiene emociones y capacidad para decidir porque tiene voluntad. Estas tres características constituyen lo que llamamos el libre albedrío. Pensemos bien en este concepto. Dios, el Creador, decide voluntariamente hacer un ser humano a su imagen y semejanza y le da capacidad de tomar sus propias decisiones. Le da la capacidad de pensar, sentir y hablar; pero sobre todo, de decidir y actuar. Lo coloca en el jardín del Edén, el segundo Edén y le entrega el señorío sobre todo lo creado, (Génesis 1.28) a pesar de que Dios sabe que existen dos voluntades, una genuina y una rebelde. El poder de decisión del hombre le inclinará a uno o al otro lado. Y la consecuencia de sus decisiones inclinará la balanza hacia uno o hacia el otro reino. El ser humano es la única fuente adicional de «señorío» o autoridad, porque Dios se lo entregó, se lo delegó.

De vuelta a nuestra pregunta más importante: Si el diablo no tiene poder, ¿Cómo es que le vemos ejercerlo? La respuesta es muy delicada. Sería muy ingenuo pensar que el diablo puede usar el poder de Dios. Entonces, ¿cuál nos queda? El poder que el diablo usa es el que proviene del alma de los hombres.

El poder del alma de los hombres *(Figura 3.5)*

En todo momento hay delante de nosotros una disyuntiva. La dualidad, la dicotomía. Bien o mal, norte o sur, positivo o negativo, calor o frío, incluso los creyentes tenemos que tomar decisiones en medio de una dualidad. Andar en la carne o andar en el espíritu, vivir por fe o vivir por lo que se ve, andar en la ley del pecado y de la muerte o andar en la ley del espíritu de vida en Cristo Jesús. Todo es una dualidad. Nos enfrentamos continuamente a dos posibilidades, el camino A o el camino B. Todas nuestras acciones dependen de una decisión frente a esa disyuntiva dual. No existe un solo momento que podamos escapar de una doble posibilidad. Podemos irnos por el lado A o podemos irnos por el lado B.

Ahora, recuerde el árbol de la vida. Cuando Adán y Eva se pararon frente al árbol, tenían dos posibilidades. Obedecer o desobedecer. El lado A era el lado de la obediencia, el lado de la voluntad de Dios. El lado A representaba la dependencia total de Dios. Haber obedecido el mandamiento, hubiera significado obediencia y fidelidad a Dios. El lado B, por

LA BIBLIA

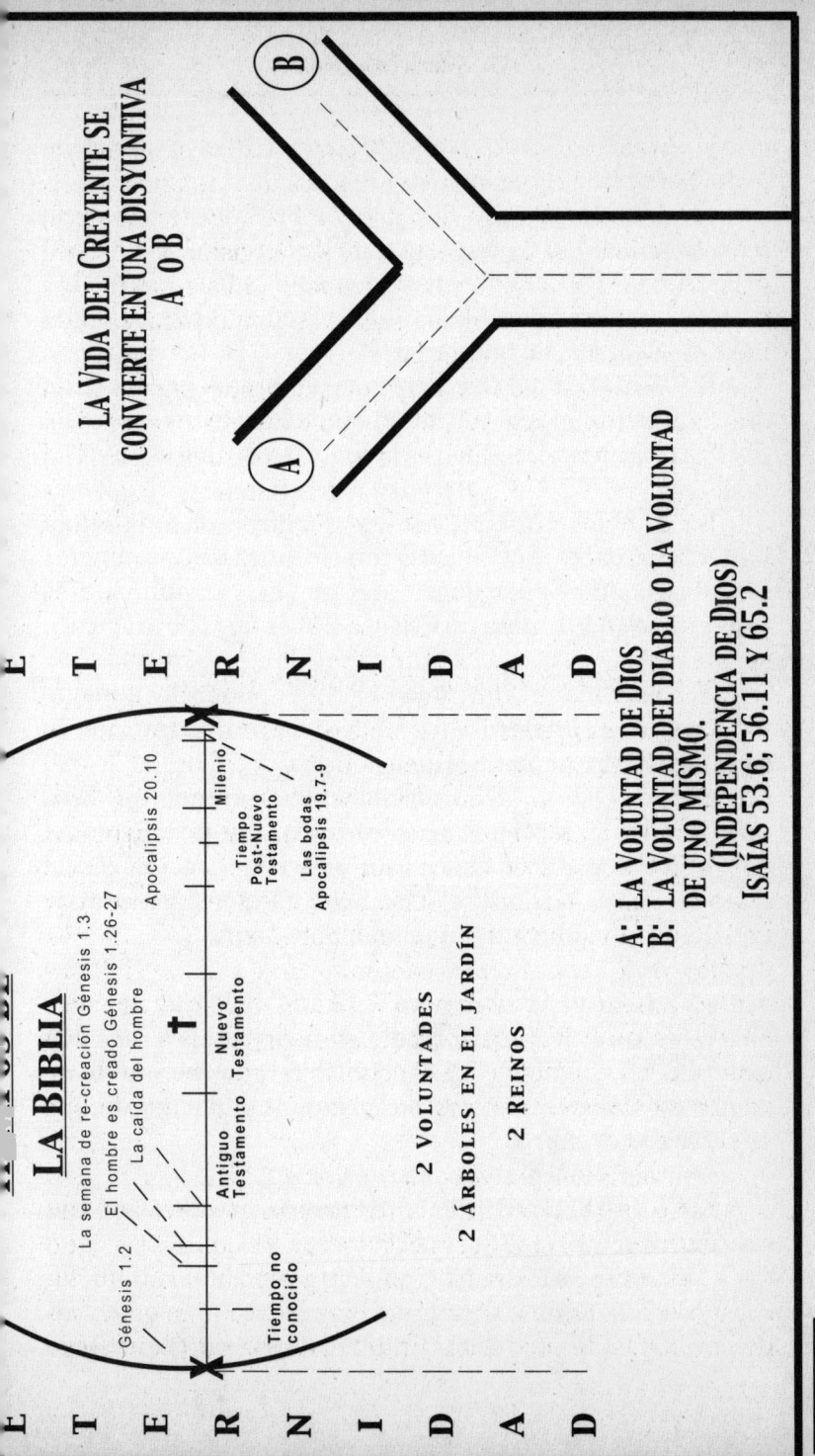

REALIDAD ETERNA

Génesis 1.2 — La semana de re-creación Génesis 1.3
La caída del hombre
El hombre es creado Génesis 1.26-27
Apocalipsis 20.10

Tiempo no conocido

Antiguo Testamento — Nuevo Testamento — Tiempo Post-Nuevo Testamento — Milenio

Las bodas Apocalipsis 19.7-9

REALIDAD ETERNA

2 VOLUNTADES
2 ÁRBOLES EN EL JARDÍN
2 REINOS

A: LA VOLUNTAD DE DIOS
B: LA VOLUNTAD DEL DIABLO O LA VOLUNTAD DE UNO MISMO.
(INDEPENDENCIA DE DIOS)
ISAÍAS 53.6; 56.11 Y 65.2

LA VIDA DEL CREYENTE SE CONVIERTE EN UNA DISYUNTIVA
A O B

FIGURA 3.5

el contrario, significaba desobediencia a Dios, y por ende lealtad al reino de las tinieblas.

Me interesa mucho hacer notar la importancia de la palabra «fidelidad», porque al final de la Biblia, se devela el propósito de Dios. Él deseaba un pueblo para sí. Un pueblo de reyes y sacerdotes. Se llamó Israel en el Antiguo Testamento, se llama la Iglesia en el Nuevo Testamento y se llamará la Esposa del Cordero en la eternidad. Quiere decir que todo este plan será cumplido cuando haya una «esposa». Me llama la atención. ¿Cuál es la cualidad de una esposa? La fidelidad.

En cambio el diablo termina su plan con una «gran ramera». ¿Cuál es la cualidad o característica de una ramera? La infidelidad. O sea que el destino del ser humano es convertirse en la esposa de Cristo a través de la obediencia o ser parte de la gran ramera a través de la desobediencia.

Acá es donde realmente se ejerce el poder del alma de los hombres. El hombre, a través de su libre albedrío, decide su futuro. Debo llamarle la atención acerca del hecho de que el respeto de Dios por el libre albedrío es tan grande, que Dios no le impone su salvación a nadie, sino que respetará a aquel que le rechace y le dejará partir a la condenación eterna (Marcos 16.16). Y ahora voy a someter a la consideración de usted un razonamiento tremendamente fuerte:

A) Lo que el hombre hace depende de lo que decide.

O sea que el primer proceso en nosotros es tomar una decisión. «Sí, sí vamos a ir al servicio esta noche.» «No, no vamos a ir al servicio esta noche.» Antes de tomar una acción, es necesario decidirse.

B) Lo que el hombre hace determina su alineación con uno de los reinos.

Cada uno de los reinos tiene un propósito distinto. Lo que decide el hombre determina lo que hace. Y lo que hace, determina a qué propósito contribuye, es decir: a qué reino sirve. Cuando decido alinearme al reino de Dios, le soy fiel, le doy mi lealtad a Dios, me sujeto a Él. En esto consiste ser dependiente de Dios. Cuando hago esto, sirvo a sus propósitos.

Pero cuando decido hacer lo que yo quiero, lo que me dictan mis deseos, cuando pienso que yo puedo ser mi propio dios y tomo mis propias decisiones, voy por el otro camino; el camino de la independencia de Dios. Como soy independiente de Dios hago mi propia voluntad, entro en la infidelidad y caigo en la desobediencia. Peor aún, caigo en rechazar la autoridad de Dios.[4]

«En las edades pasadas él ha dejado a todas las gentes andar en sus propios caminos» (Hechos 14.16).

C) Lo que el hombre decide y hace fortalece el reino al que ha dado su lealtad.

Las acciones de los hombres solo pueden ser fruto de la obediencia o desobediencia a Dios. Cada vez que un ser humano obedece a Dios, el impacto de sus acciones refuerza el reino de la luz. Por ejemplo, si decido obedecer al mandato de orar sin cesar, seguramente mis oraciones van a tener un impacto en el reino espiritual. Si decido obedecer el mandato de predicar el evangelio a toda criatura, el fruto será especialmente efectivo para el reino al cual he profesado lealtad.

Si decido ser neutral y no hago nada, ni bueno ni malo, como muchos hoy, estaré desperdiciando la oportunidad de servir a mi Señor, y como Él dijo: «el que conmigo no recoge, desparrama» (Mateo 12.30).

Si por el contrario, me entrego a la transgresión y el pecado, estaré contribuyendo al fortalecimiento de la cubierta de tinieblas que es formada por el pecado de los hombres.

Más de una vez, creyentes me han preguntado: ¿Está usted tratando de decir que yo puedo estar contribuyendo

---

[4]. Creo que sería de gran valor para el lector leer la obra de Watchman Nee llamada: *La Autoridad Espiritual*.

con el reino de las tinieblas? Sí, eso es exactamente lo que estoy diciendo.

Cada vez que tomamos una decisión basada en nuestros propios deseos estamos siendo «independientes de Dios», lo que equivale a ignorar su voluntad. Cuando la ley de Dios escrita en su corazón le dice: «Esto no es correcto», y usted voluntariamente ignora la ley de Dios persistiendo en la conducta impropia, en ese instante está ejercitando la fuente de poder que Dios le dio, que se llama alma, y lamentablemente la está poniendo al servicio de Satanás.

D) La acción continuada, repetitiva de los hombres determina la atmósfera espiritual sobre una familia, una comunidad o una nación.

¿Quiere decir que el reino de las tinieblas se nutre de las acciones de los hombres? Sí, eso es exactamente lo que quiere decir. Las acciones de los hombres cierran los cielos sobre nosotros (Deuteronomio 28.23), a través de la formación de lo que llamamos la cubierta de tinieblas.

Permítame exponerlo de esta forma: El reino de Satanás se llama también reino de las tinieblas. ¿Por qué? Precisamente porque esa es su naturaleza, en contraposición al Reino de la luz. Recuerde usted lo que dice la Palabra por boca del apóstol San Juan:

En él estaba la vida, y la vida era la luz de los hombres (Juan 1.4).

Este es el mensaje que hemos oído de Él, y os anunciamos: Dios es luz, y no hay ningunas tinieblas en Él. Si decimos que tenemos comunión con Él, y andamos en tinieblas, mentimos, y no practicamos la verdad; pero si andamos en luz, como Él está en luz, tenemos comunión unos con otros, y la sangre de Jesucristo su Hijo nos limpia de todo pecado (1 Juan 1.5-7).

Si usted se da cuenta, la Palabra dice que si andamos en luz, andamos en Él, porque Dios es luz (véase también Hechos 17.28). Si por el contrario, andamos en tinieblas, saque usted sus conclusiones. Ahora bien, no decimos esto solamente de aquellos que no conocen a Cristo, sino que aún las acciones de los creyentes pueden hacer crecer ese tejido que llamamos cubierta de tinieblas.[5]

«El que dice que está en la luz, y aborrece a su hermano, está todavía en tinieblas» (1 Juan 2.9).

La concupiscencia

Debo aclarar aquí que la dualidad, la disyuntiva de la que hemos hablado, ofrece dos posibilidades. La primera: Alinear mi voluntad con la voluntad de Dios y su Reino. La segunda, tiene a su vez dos posibilidades. Una consiste en alinear mi voluntad a la de Satanás. Muy pocos creyentes harían eso, pero la otra alternativa consiste en hacer «mi propia voluntad», que, aunque no es la voluntad de Satanás, sí es absolutamente independiente de Dios.

Hay personas que creen que desobedecer ciertos mandatos bíblicos no es «tan importante». O bien deciden hacer cosas que no son exactamente prohibidas por Dios, pero que no le son agradables.

El fondo del asunto está determinado por las palabras: Dependencia e independencia. Ser dependiente de Dios significa voluntariamente cumplir su voluntad. Ser independiente significa hacer cualquiera otra voluntad distinta de la de Dios. Sea la del diablo o la mía propia.

La voluntad de Dios es que sus hijos no sean independientes de Él, sino al contrario, que imiten a Cristo que dijo:

«Porque he descendido del cielo, no para hacer mi voluntad, sino la voluntad del que me envió» (Juan 6.38).

---

5. Estoy persuadido de que la responsabilidad de los creyentes es aún mayor porque nosotros conocemos la Palabra, y sabemos el resultado que nuestras acciones pueden provocar. O sea que para nosotros, no solo existe el riesgo propio de la «comisión», sino que también el de la «omisión.» «Y al que sabe hacer lo bueno, y no lo hace, le es pecado» (Santiago 4.17).

«Porque el que me envió, conmigo está; no me ha dejado solo el Padre, porque yo hago siempre lo que le agrada» (Juan 8.29).

«No todo el que me dice: Señor, Señor, entrará al reino de los cielos, sino el que hace la voluntad de mi Padre que está en los cielos» (Mateo 7.21).

«No puedo yo hacer nada por mí mismo; según oigo, así juzgo; y mi juicio es justo, porque no busco mi voluntad, sino la voluntad del que me envió, la del Padre» (Juan 5:30).

La Biblia dice que cuando el hombre, de su propia concupiscencia es seducido, dá a luz al pecado y el pecado dá a luz la muerte. Detengámonos por un momento, y pensemos. Si la vida es luz, entonces, ¿qué es la muerte? Tinieblas. Cada vez que se peca se produce muerte y cada vez que se peca se producen tinieblas. El tejido del cual está formada la cubierta de tinieblas es el resultado de las acciones inicuas de los hombres. La búsqueda de mis propios deseos se llama concupiscencia.

«Bienaventurado el varón que soporta la tentación; porque cuando haya resistido la prueba, recibirá la corona de vida, que Dios ha prometido a los que le aman. Cuando alguno es tentado, no diga que es tentado de parte de Dios; porque Dios no puede ser tentado por el mal, ni Él tienta a nadie; sino que cada uno es tentado, cuando de su propia concupiscencia es atraído y seducido. *Entonces la concupiscencia, después que ha concebido, da a luz el pecado; y el pecado, siendo consumado, da a luz la muerte*» (Santiago 1.12-15).

«Por medio de las cuales nos ha dado preciosas y grandísimas promesas, para que por ellas llegáseis a ser participantes de la naturaleza divina, *habiendo huido de la corrupción que hay en el mundo a causa de la concupiscencia*» (2 de Pedro 1.4).

¿Por qué hay corrupción en el mundo? Por causa de la concupiscencia. Tengo en mi Biblia la siguiente anotación del griego: «A causa de que cada uno quiere su propio camino».

En otras palabras, el mundo está como está porque los hombres han tomado el camino B en lugar de tomar el camino A *(Figura 3.6)* y se han vuelto independientes de Dios en vez de ser dependientes de Él.

«*Todos nosotros nos descarriamos como ovejas, cada cual se apartó por su camino*; más Jehová cargó en Él el pecado de todos nosotros» (Isaías 53.6).

«Y esos perros comilones son insaciables, y los pastores mismos no saben entender; *todos ellos siguen sus propios caminos, cada uno busca su propio provecho*, cada uno por su lado» (Isaías 56.11).

«Extendí mis manos todo el día a pueblo rebelde, *el cual anda por camino no bueno, en pos de sus pensamientos; pueblo que en mi rostro me provoca de continuo a ira*, sacrificando en huertos, y quemando incienso sobre ladrillos» (Isaías 65.2-3).

«Y vosotros habéis hecho peor que vuestros padres; porque he aquí que *vosotros camináis cada uno tras la imaginación de su malvado corazón, no oyéndome a mí*» (Jeremías 16.12).

La iglesia enfrenta el gran desafío de limpiar sus caminos, entresacando lo precioso de lo vil (Jeremías 15.19), para hacer conocida con autoridad la multiforme sabiduría de Dios a los principados y potestades en los lugares celestiales. De esta forma, a través de la guerra espiritual, recuperaremos las posiciones que por causa del pecado humano le fueron entregadas a Satanás. El diablo no tenía ningún poder para quitárnoslas, fuimos nosotros quienes se las entregamos.

El diablo usa el poder de la concupiscencia

Dado que el diablo fue despojado de todo poder, la única habilidad con la que cuenta para lograr sus propósitos, es la mentira. Es su propia naturaleza. «… Él ha sido homicida desde el principio, y no ha permanecido en la verdad, porque no hay verdad en él. Cuando habla mentira, de suyo habla; porque es mentiroso, y padre de mentira» (Juan 8.44).

El Poder del Alma de los Hombres

La Vida del Creyente se convierte en una Disyuntiva A o B

- ☐ Lo que el hombre <u>decide</u> determina lo que hace.

- ☐ Lo que el hombre <u>decide</u> determina su alineación con uno de los 2 Reinos.

- ☐ Lo que el hombre <u>decide</u> y <u>hace</u> refuerza el Reino al cual ha dado su lealtad.

- ☐ La acción continuada, repetitiva de los hombres determina la Atmósfera Espiritual sobre una vida o una familia o una ciudad o una nación.

A: La Voluntad de Dios
B: La Voluntad del diablo o la Voluntad de uno mismo.
   (Independencia de Dios)
   Isaías 53.6; 56.11 y 65.2

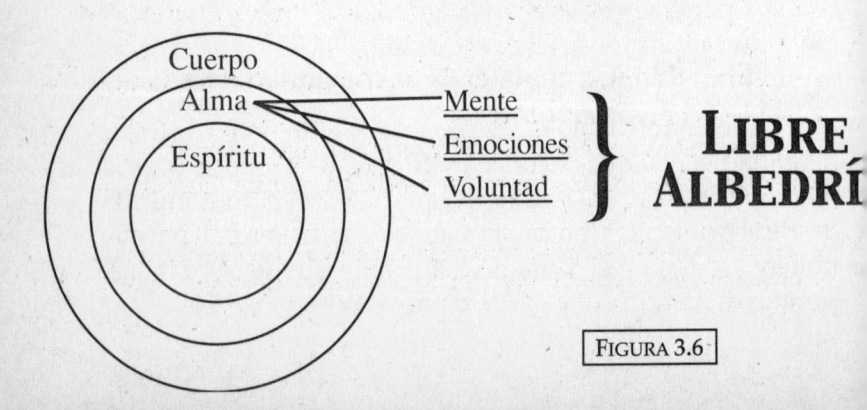

Cuerpo
Alma
Espíritu

— Mente
— Emociones
— Voluntad

} **LIBRE ALBEDRÍO**

Figura 3.6

El diablo tiene un interés especial en usar el poder del alma humana. Se trata del único recurso del que puede disponer.[6]

Vea la lista de mercancías que conforman el comercio de Babilonia:

«Y los mercaderes de la tierra lloran y hacen lamentación sobre ella, porque ninguno compra más sus mercaderías; mercadería de oro, de plata, de piedras preciosas, de perlas, de lino fino, de púrpura, de seda, de escarlata, de toda madera olorosa, de todo objeto de marfil, de todo objeto de madera preciosa, de cobre, de hierro y de mármol; y canela, especies aromáticas, incienso, mirra, olíbano, vino, aceite, flor de harina, trigo, bestias, ovejas, caballos y carros, *y esclavos, almas de hombres*» (Apocalipsis 18.11-13).

La primera parte de la lista es muy normal, pero la parte final se refiere a esclavos, almas de los hombres. Desde luego la mención de «Babilonia» en este pasaje corresponde al reino de Lucero, el hijo de la mañana (véase Isaías 14.4,12 y Ezequiel 28.16—19).

De eso se ha tratado siempre la actividad del diablo. De mantener a la raza humana bajo esclavitud (véase 2 Corintios 4.4). Esta es la razón de nuestro estudio. Solo así proseguiremos hacia la meta de la guerra espiritual: El evangelismo, que liberta a la humanidad de la potestad de las tinieblas al Reino de Jesucristo (Colosenses 1.13).

«Para que abras sus ojos, para que se conviertan de las tinieblas a la luz, y de la potestad de Satanás a Dios; para que reciban, por la fe que es en mí, perdón de pecados y herencia entre los santificados» (Hechos 26.18).

Gracias a Dios, la profecía de Juan añade en el siguiente versículo del pasaje que leímos:

«Los frutos codiciados por tu alma se apartaron de ti, y todas las cosas exquisitas y espléndidas te han faltado, *y*

---

6. Por otra parte, en esta parte del paréntesis en el cual habitamos, ¿cómo podría el hombre decidir entre el bien y el mal, si no existiera la opción del mal?

nunca más las hallarás» (Apocalipsis 18.14). Llegará el día glorioso que el alma del hombre ya no sirva los propósitos del diablo, sino que sirva exclusivamente a Jehová, el único Dios creador de los cielos y la tierra.

Pero, concentrémonos por un momento en la técnica del enemigo.

«Para que Satanás no gane ventaja alguna sobre nosotros; pues no ignoramos sus maquinaciones» (2 Corintios 2.11).

El día de hoy, movimientos como la «Nueva Era» están dando cumplimiento a la profecía dada a Juan. Están usando como mercancías, las almas de las personas. El único poder que existe aparte del poder del Espíritu Santo, es el poder del alma.

Examinemos el alma del hombre. Cuando Dios creó a Adán, le creó a su imagen y semejanza. Las características de Adán eran extraordinarias. Su espíritu, tenía plena comunión con Dios. Una comunión tan íntima que no hacía falta invocar el nombre de Dios (véase Génesis 4.26). Un cuerpo tan fuerte, que le permitía guardar y labrar el jardín, pese a sus dimensiones extraordinarias. (Recuerde usted que el río que salía del huerto, se partía en cuatro: Pisón, Gihón, Hidekel y nada menos que el Eufrates.) Pero, el área que nos interesa, el alma de Adán, era tan poderosa, que su mente nombró a todos los animales, sojuzgó a la tierra, y señoreó sobre todos los animales de la creación. Sin embargo, el día de la caída, no usó su autoridad sobre los animales, no respetó la guianza de su espíritu, sino que decidió someter su alma a la carne, y quedó preso de esa decisión.

Los científicos nos explican que hoy, el ser humano tiene un potencial tan grande que no usa ni siquiera un diez por ciento de su capacidad mental. ¿Por qué no la usamos? ¿Y por qué no lo explotamos? Porque a partir de la caída, el poder del alma del hombre quedó sometido a la carne.

El diablo, sin embargo, sabe que ese poder está allí. Y lo usa para manifestarse. Probablemente esta sea la razón por la cual los espíritus inmundos se hallan siempre a la caza de un cuerpo donde manifestarse (véase Mateo 12.43-45 y Lucas 11.24-26).

Con el objeto de extraer del hombre ese poder, el diablo ha dado origen a diferentes religiones, técnicas espiritistas y aun espiritualistas. Algunos ejemplos son: La Meditación Trascendental, Animismo, el Hinduismo, Budismo, Sintoísmo, la Nueva Era, etc.

Muchas de estas creencias se apoyan en manifestaciones milagrosas, sobrenaturales, que llegan a confundir aun a los creyentes.

Existen sanidades y prodigios que no provienen de Dios, (Hechos 8.9-11). Hay adivinación del futuro que no es profecía, (Hechos 16.16-18). El diablo ha puesto a la gente a meditar para levitarse. Un hermano, miembro de la iglesia me contó que antes de recibir a Cristo se había involucrado en uno de estos cultos, creyendo que lo conduciría a la Verdad. Aprendió a levitarse, y para ello, durante su meditación debía invocar a siete espíritus por nombre. Me comentó que si se equivocaba en el orden los demonios lo atormentaban con castigos muy dolorosos. Pero, si él llegaba hasta el séptimo demonio en el orden correcto, se levitaba a una altura de más de un metro.

Hallamos otro ejemplo en el concepto de la fuerza «kundalini» que practican los hindúes. Después de hacer violentos ejercicios físicos, durante una o dos horas, su mente queda totalmente en blanco, la serpiente que creen tener en la columna vertebral se desenrosca, y el poder del alma emerge para ser usado. Todos hemos visto, aunque sea en caricatura a un «fakir» que se acuesta sobre una cama de clavos, o se perfora la piel con un objeto punzo-cortante y ni siquiera sangra. Seguramente sabemos acerca de los mentalistas que sostienen una cuchara u otro objeto de metal enfrente de sus ojos, y con el poder de la mente dobla la cuchara. Es de especial impacto para mí ver esas personas que mastican y comen vidrio o se «tragan una espada». Estas son algunas de las formas en que el diablo hace gala de «su» poder, que en realidad es solamente «poder prestado».

El diablo usa el poder del alma humana como el recurso que necesita para manifestarse. Por el contrario Dios no tiene ningún uso para el poder que proviene del alma. Dios va a usar exclusivamente el poder que proviene del Espíritu Santo. Y así lo hace en el espíritu del creyente (Efesios 3.20).

Watchman Nee afirma acerca del poder del alma humana que: «Este poder ha caído juntamente con el hombre, así que de acuerdo a la voluntad de Dios ya no debería ser usado. Es por esta razón que el Señor Jesucristo declara a menudo que necesitamos perder nuestra vida, es decir: el poder del alma»,[7] en referencia a Mateo 10.39 y 16.25.

Hoy en día vemos una explosión de todos esos cultos y religiones, porque la Escritura declara que, «en el último tiempo...» (véase 1 Timoteo 4.1-3).

Recapitulemos: ¿Qué espera lograr el diablo? El diablo espera usarnos (¿o debiera yo decir explotarnos?). Desde el momento que fue derribado, desde que fue creado el ser humano hecho a imagen y semejanza de Dios, desde el segundo Edén, cuando se presentó como serpiente y entró en el Huerto, dijo: «Voy a arrebatarle su poder para poder desafiar nuevamente a Dios». Esa intención va a ser llevada hasta el extremo como nos muestra Apocalipsis 20.7—9.

Ahora, ¿qué espera Dios de nosotros? Que voluntariamente nos entreguemos a Él, y estemos dispuestos a morir al yo, a menospreciar nuestra vida por Él. Solamente así seremos de los vencedores.

«*El que ama su vida, la perderá; y el que aborrece su vida en este mundo, para vida eterna la ganará*» (Juan 12.25).

«*Y ellos le han vencido* por medio de la sangre del Cordero y de la palabra del testimonio de ellos, *y menospreciaron sus vidas hasta la muerte*» (Apocalipsis 12.11).

---

7. Watchman Nee, *The latent power of the soul*, Christian Fellowship Publishers, Inc. New York, 1972.

Al que venciere, dice el Señor Jesucristo:

1. Le daré de comer del árbol de la vida (Apocalipsis 2.7).

2. No sufrirá daño de la segunda muerte (Apocalipsis 2.11).

3. Daré a comer del maná escondido, y le daré una piedrecita blanca, y en la piedrecita escrito un nombre nuevo (Apocalipsis 2.17).

4. Le daré autoridad sobre las naciones (Apocalipsis 2.26).

5. Será vestido de vestiduras blancas; y no borraré su nombre del libro de la vida, y confesaré su nombre delante del Padre y delante de sus ángeles (Apocalipsis 3.5).

6. Le haré columna en el templo de mi Dios, y nunca más saldrá de allí; y escribiré sobre él el nombre de mi Dios, y el nombre de la ciudad de mi Dios (Apocalipsis 3.12).

7. Le daré que se siente conmigo en mi trono, así como yo he vencido, y me he sentado con mi Padre en su Trono (Apocalipsis 3.21).

5

Los reinos

El tiempo se ha cumplido, y el reino de Dios se ha acercado; arrepentíos, y creed en el evangelio.
Marcos 1.15

Las características de los reinos *(Figura 4.1)*

Tenemos frente a nosotros dos reinos opuestos, que poseen características propias.

Las características del reino de Dios son: Luz, verdad y amor.

«*En Él estaba la vida, y la vida era la luz* de los hombres» (Juan 1.4).

«*Yo soy* el camino, y *la verdad* y la vida; nadie viene al Padre, sino por mí» (Juan 14.6).

«El que no ama, no ha conocido a Dios; porque *Dios es amor*» (1 Juan 4.8).

LOS REINOS

REINO DE LA LUZ	REINO DE LAS TINIEBLAS
LUZ — JUAN 1.5	TINIEBLAS — JUAN 1.5
VERDAD — 1 TIMOTEO 2.4	MENTIRA — 1 TIMOTEO 2.4
AMOR — 1 JUAN. 4.8	TEMOR — 1 JUAN 4.8

CARACTERÍSTICAS DE LOS REINOS

AUTORIDAD GENUINA O AUTÉNTICA	REBELIÓN SUBLEVACIÓN

CONSECUENCIAS DE LA INTERACCIÓN CON LOS REINOS

OBEDIENCIA BENDICIÓN DEUTERONOMIO 30.19	DESOBEDIENCIA MALDICIÓN PROVERBIOS 26.2

LENGUAJE DE LOS REINOS

INTERCESIÓN HEBREOS 7.25	ACUSACIÓN APOCALIPSIS 12.10

FIGURA 4.1

Mientras que las características del reino de Satanás son: Tinieblas, mentira y temor.

«La luz en las tinieblas resplandece, y las tinieblas no prevalecieron contra ella» (Juan 1.5).

«Vosotros sois de vuestro padre el diablo, y los deseos de vuestro padre queréis hacer. El ha sido homicida desde el principio, y no ha permanecido en la verdad, porque no hay verdad en él. Cuando habla mentira, de suyo habla; porque es mentiroso, y padre de mentira» (Juan 8.44).

«En el amor no hay temor, sino que el perfecto amor echa fuera el temor; porque el temor lleva en sí castigo. De donde el que teme, no ha sido perfeccionado en el amor» (1 Juan 4.18).

Consecuencias de nuestra interacción con los reinos

Durante el tiempo del gran paréntesis, que es el que nos ha tocado vivir, interactuamos constantemente con ambos reinos. El de la luz, y el de las tinieblas. Se trata de algo así como la ley de la gravedad. Está presente todo el tiempo. No importa si yo no la veo, de todos modos está allí, y yo tendré que vivir con sus consecuencias, sean estas convenientes o no. De igual forma, mi interacción con los reinos tiene consecuencias. No importa si estoy consciente o no. Todo lo que yo hago genera consecuencias.

Las consecuencias de mi interacción con los reinos dependen de mis actitudes. Una actitud de lealtad al reino de Dios va a producir bendición.

Debo afirmar acá que esta verdad es válida para los que conocen a Cristo y para los que aún no le conocen. Muchas veces vemos personas que ni siquiera creen la Palabra como nosotros y que sin embargo reciben las bendiciones que ella establece. ¿Por qué razón? Porque la interacción con los reinos produce consecuencias *siempre*.

Por otro lado, una actitud de lealtad al reino de las tinieblas, lo que implica deslealtad al reino de Dios, va a provocar maldición.

Probablemente el mejor pasaje para ilustrar esta verdad es el capítulo 28 del libro de Deuteronomio donde se describe perfectamente cada consecuencia de servir a Jehová, o servir a otros dioses.

Las bendiciones y las maldiciones son esos elementos invisibles, espirituales que determinan los resultados en la vida de una persona.

Siempre me ha intrigado por qué una persona, una familia o aun una nación que parece tener las circunstancias naturales a su favor, muchas veces no logra el éxito deseado. Me impresiona sobremanera que algunos de los países más ricos de la tierra, como lo son los países Latinoamericanos puedan al mismo tiempo padecer tanta pobreza.

¿Qué determina el futuro de un país o de una ciudad o de una persona? Hay fuerzas espirituales que determinan estos resultados. Fuerzas que no reconocen barreras ni de espacio ni de tiempo. Se llaman bendiciones o maldiciones.[1]

El lenguaje de los reinos

Aunque ya me referí a este tema brevemente, creo necesario volver a considerarlo. Cada reino tiene un lenguaje de expresión, de manifestación. Su propio idioma, su propio lenguaje. El lenguaje del reino de Dios es la intercesión. El lenguaje del reino de las tinieblas es la acusación. Hebreos 7.25 nos muestra que aún hoy, nuestro Señor Jesucristo se encuentra practicando la intercesión. «Por lo cual puede también salvar perpetuamente a los que por Él se acercan a Dios, viviendo siempre para interceder por ellos.»

---

1. Sobre el tema de las bendiciones y maldiciones, quisiera recomendarle el Libro de Derek Prince, *Blessing or curse. You can choose! Freedom from pressures you thought you had to live with*, Published by Chosen Books, Fleming H. Revell Company, Tarrytown, New York. USA. El cual también puede obtenerse en español. Me parece uno de los mejores textos sobre el tema.

Ahora, me duele tanto que una verdad tan grande sea tan ignorada. Como yo lo entiendo, son pocas cosas las que Dios busca. Una de ellas, por supuesto, se da cuando Él busca adoradores en espíritu y en verdad. Otra, cuando Él dice: «Y busqué entre ellos hombre que hiciese vallado y que se pusiese en la brecha delante de mí, a favor de la tierra, para que yo no la destruyese; y no lo hallé» (Ezequiel 22.30).

La intercesión es la vida de la Iglesia. Es el lenguaje del Reino de Dios. Refleja el carácter y la personalidad de Cristo. Soy de los que creen que todo creyente ha sido llamado por Dios a ser un intercesor, y estoy en desacuerdo con el criterio de que se necesita un llamado o un don especial para ser intercesor.

Por el otro lado, el reino de las tinieblas también tiene su propio idioma, que también refleja el carácter de su rey: La Acusación. El diablo es el acusador de los hermanos (véase Apocalipsis 12.9).

Usted comprenderá que cuando un creyente participa de la acusación, está alineando su conducta al reino de las tinieblas, contribuyendo al fortalecimiento de ese reino, y atrayendo maldición sobre sí.

La forma más común de acusación se da a través de la murmuración y el criticismo. Pero, también he comprobado tristemente que hay personas que oran «oraciones de acusación».

«La oración del que no respeta la ley de Dios, es abominación a Jehová» (Proverbios 28.9).

«Y Él os dio vida a vosotros, *cuando estábais muertos en vuestros delitos y pecados*, en los cuales anduvisteis en otro tiempo, siguiendo la corriente de este mundo, conforme al príncipe de la potestad del aire, el espíritu que ahora opera en los hijos de desobediencia, entre los cuales también todos nosotros vivimos en otro tiempo en los deseos de nuestra carne, *haciendo la voluntad de la carne* y de los pensamientos, y éramos por naturaleza hijos de ira, lo mismo que los demás» (Efesios 2.1-3).

«Estos son murmuradores, querellosos, *que andan según sus propios deseos*, cuya boca habla cosas infladas, adulando a las personas para sacar provecho. Pero vosotros, amados, tened memoria de las palabras que antes fueron dichas por los apóstoles de nuestro Señor Jesucristo; los que os decían: En el postrer tiempo habrá burladores, *que andarán según sus malvados deseos*. Estos son los que causan divisiones; los sensuales, que no tienen al Espíritu» (Judas 16-19).

Cuando la Palabra habla de «sensual» se refiere a la acción del alma. A estos, que se guían y reaccionan por sus sentidos y sus emociones, y no por el espíritu, es a los que llamo «almáticos».

Hay una conexión muy especial entre la lengua y el alma. Seguramente porque el habla es la manifestación de la decisión.

«Y la lengua es un fuego, un mundo de maldad. La lengua está puesta entre nuestros miembros, *y contamina todo el cuerpo*, e inflama la rueda de la creación, y ella misma es inflamada por el infierno» (Santiago 3.6).

«*Porque donde hay celos y contención, allí hay perturbación y toda obra perversa*. Pero la sabiduría que es de lo alto es primeramente pura, después pacífica, amable, benigna, llena de misericordia y de buenos frutos, sin incertidumbre ni hipocresía» (Santiago 3.16—17).

«Por tanto, así dijo Jehová: Si te convirtieres, yo te restauraré, y delante de mí estarás; *y si entresacares lo precioso de lo vil, serás como mi boca*. Conviértanse ellos a ti, y tú no te conviertas a ellos» (Jeremías 15.19).

«Entonces nacerá tu luz como el alba, y tu salvación se dejará ver pronto; e irá tu justicia delante de ti, y la gloria de Jehová será tu retaguardia. Entonces invocarás, y te oirá Jehová; clamarás y dirás a Él: Heme aquí. *Si quitares de en medio de ti el yugo, el dedo amenazador, y el hablar vanidad*» (Isaías 58.8-9).

Lo que necesitamos entonces es comenzar por corregir nuestra manera de hablar. Abstenernos de la acusación, aprender a interceder, aprender a vivir en el lenguaje del reino de Dios.

El diablo no necesita mucho esfuerzo si los cristianos le estamos ayudando, si nos estamos acusando y atacando los unos a los otros. Ahora sí estamos llegando al fondo del asunto. Hay muchos interesados en aprender las estrategias de guerra, la cartografía espiritual, etc. Pero antes, es necesario limpiarnos a nosotros mismos. Porque todo el problema comenzó por no alinearnos a la voluntad de Dios.

Lamento decirle que he visto una y otra vez dolorosas bajas en la batalla, gracias a la ignorancia de estos conceptos.

Concluyo esta sección con estos pasajes extraordinarios y reveladores.

«A los cielos y a la tierra llamo por testigos hoy contra vosotros, que os he puesto delante la vida y la muerte, la bendición y la maldición; *escoge*, pues, la vida, para que vivas tú y tu descendencia» (Deuteronomio 30.19).

Todas nuestras decisiones tienen consecuencias.

«Acontecerá que si oyeres atentamente la voz de Jehová tu Dios, para guardar y poner por obra todos sus mandamientos que yo te prescribo hoy, también Jehová tu Dios te exaltará sobre todas las naciones de la tierra. *Y vendrán sobre ti todas estas bendiciones, y te alcanzarán, si oyeres la voz de Jehová tu Dios*» (Deuteronomio 28.1-2).

«Pero acontecerá, *si no oyeres la voz de Jehová tu Dios, para procurar cumplir todos sus mandamientos y sus estatutos que yo te intimo hoy, que vendrán sobre ti todas estas maldiciones, y te alcanzarán*» (Deuteronomio 28.15).

Es importante señalar además, que nuestra interacción con los reinos tendrá efectos que rebasarán nuestra propia vida. Las bendiciones y las maldiciones viajan a través del linaje generacional, y afectan a nuestra descendencia (véase Deuteronomio 7.9 y Éxodo 34.6-7). De hecho, nosotros mismos somos un fruto de la interacción de nuestros antepasados con los reinos.

«Porque, pregunta ahora a *las generaciones pasadas*, y disponte para inquirir a los padres de ellas: *pues nosotros somos de ayer y nada sabemos*, siendo nuestros días sobre la tierra como sombra. ¿No te enseñarán ellos, te hablarán, y de su corazón sacarán palabras?» (Job 8.8-10).

SEGUNDA SECCIÓN

Cómo se realiza la guerra espiritual

Después de haber compartido los elementos teóricos de la batalla espiritual en la sección anterior, deseamos pasar a los pasos prácticos para llevar a cabo en nuestra comunidad la avanzada en contra del enemigo. No olvide que durante el presente estudio, nos hemos orientado desde la perspectiva de una iglesia local, así que seguramente encontrará consejos que van dirigidos directamente a mis colegas, los pastores. Sin embargo, el hecho de que usted no sea un ministro de tiempo completo, no quiere decir que no pueda usted encontrar su lugar dentro del grupo de personas que se necesitan para esta iniciativa tan importante.

El esquema total

Una y otra vez en muchos países he encontrado creyentes que se me acercan compartiendo una auténtica carga por su iglesia, ciudad o nación, y preguntan: ¿Qué debemos hacer, por dónde comenzar?

Pedí al Señor un medio de proveer una respuesta sencilla, muy gráfica, y fácil de entender. No olvidaré la inspiración del Espíritu Santo durante un seminario en la bella ciudad de Kuala Lumpur. El resultado es el esquema que estaremos tratando a continuación. *(Figura 5.1)*

El esquema se refiere a la guerra espiritual tomando en cuenta la división del ser humano como Dios la describe: espíritu, alma y cuerpo[1] Estoy persuadido que para tener éxito en la batalla espiritual, y ver la diferencia una vez ésta es realizada, necesitamos de una estrategia coordinada en las tres áreas que Dios dio al hombre.

«Y el mismo Dios de paz os santifique por completo; y *todo vuestro ser, espíritu, alma y cuerpo,* sea guardado irreprensible para la venida de nuestro Señor Jesucristo» (1 Tesalonisenses 5.23).

«Entonces Jehová Dios formó al hombre del polvo de la tierra, y sopló en su nariz aliento de vida, y fue el hombre un ser viviente» (Génesis 2.7). O como dice la versión King James en inglés, «vino el hombre a ser un alma viviente».

«Porque la palabra de Dios es viva y eficaz, y más cortante que toda espada de dos filos; y penetra hasta partir el *alma y el espíritu, las coyunturas y los tuétanos*, y discierne los pensamientos y las intenciones del corazón» (Hebreos 4.12).

---

[1]. El hombre consiste de tres partes: espíritu, alma y cuerpo. Cada una de estas partes, está subdividida a su vez en tres partes, las cuales se retro-alimentan entre sí. Por ejemplo: La sangre se produce en los huesos. La sangre es la vida de la carne (músculos), y esos músculos sostienen al esqueleto (los huesos).
Espíritu: Intuición, comunión y consciencia.
Alma: Mente o intelecto, sentimientos o emociones y capacidad volitiva o voluntad.
Cuerpo: Sangre, carne y huesos.
De la misma forma, los sujetos de la batalla espiritual interactúan entre sí. Los «poderes» se expresan a través de las «fortalezas» que se manifiestan como una «cubierta de tinieblas y velo de ceguera».

Las tres partes del ser humano funcionan estrechamente unidas y la acción de una de ellas, sin duda tiene influencia sobre las otras.

En el caso de un creyente, el espíritu humano ejerce influencia sobre el alma y el cuerpo (véase Romanos 8.14 y Proverbios 18.14). En un momento determinado, una decisión del alma, puede hacer caer a la persona en pecado y afectar su espíritu y su cuerpo. O bien, una situación que compete exclusivamente al cuerpo, como por ejemplo la anestesia o un accidente o trauma, puede convertirse en una puerta para la demonización, que afectará el bienestar emocional y espiritual de la persona.

Por otro lado, hemos querido proyectarnos respondiendo a los problemas particulares que obstaculizan el evangelismo. Estudiaremos la manera de efectuar un diagnóstico de la situación espiritual sobre un territorio determinado, el tratamiento que necesita ser aplicado, y los resultados esperados. Aprovechamos para incluir la evidencia que la Biblia nos ofrece acerca de la aplicación de los principios de la guerra espiritual en el ministerio de Jesucristo, y el de los apóstoles.

	SER HUMANO INTEGRAL	EL DESAFIO LA GUERRA ESPIRITUAL	EL PORQUÉ LA HERENCIA		CARTOGRAFÍA ESPIRITUAL
E L E S Q U E M A T O T A L	1 TESALONICENSES 5.23 ESPÍRITU	EFESIOS 6.12, EFESIOS 1.21, COLOSENSES 1.16, COLOSENSES 2.15 PRINCIPADOS, POTESTADES, GOBERNADORES DE LAS TINIEBLAS DE ESTE SIGLO, HUESTES ESPIRITUALES DE MALDAD EN LAS REGIONES CELESTES.	HERENCIA ESPIRITUAL • LAS GENERACIONES • LOS PECADOS NACIONALES • LOS ESPÍRITUS FAMILIARES	E L D I A G N Ó S T I C O	FACTOR ESPIRITUAL ROMANOS 1.20
	ALMA	2 CORINTIOS 10.3-5 FORTALEZAS, ARGUMENTOS, ALTIVECES, PENSAMIENTOS, ESTRUCTURAS, IDEAS, CONCEPTOS, IDEOLOGÍAS, IDIOSINCRACIA, CULTURA.	HERENCIA AMBIENTAL • LA PERSONALIDAD • LA IDIOSINCRACIA • LA CULTURA		FACTOR HISTÓRICO O CULTURAL
	CUERPO	DEUTERONOMIO 28.23, ISAÍAS 25.7, JOB 37.19, 2 CORINTIOS 4.4 CONSECUENCIAS FÍSICAS, CUBIERTA DE TINIEBLAS, VELO DE CEGUERA, RESISTENCIA AL EVANGELISMO.	HERENCIA GENÉTICA		FACTOR FÍSICO SALMOS 115

La Tarea de la Iglesia	L O Q U E S E P R O D U C E	La Batalla	El Ministerio de Jesucristo	El Ministerio de los Apóstoles
La Oración de Guerra Efesios 3.10 Salmos 103.19-20 "Atar y desatar" Mateo 18.18 Intercesión Intercesión Profética Los Actos Proféticos La Ministración Espiritual Isaías 58.6		Choque de Poderes	El ministerio de la Oración Marcos 1.35 Y aún hoy: Hechos 7.25	Hechos 6.4 "Y nosotros persistiremos en la oración..."
La predicación del Evangelio Marcos 1.15 La destrucción de las "estructuras" Jeremías 1.10, Colosenses 2.20, Gálatas 4.1-9 La Esperanza Lucas 4.16-18		Choque de Verdades	El Ministerio de la Predicación y la Enseñanza Marcos 1.14-15 Marcos 1.21-22 Marcos 1.38 Lucas 4.16-18	"Y el ministerio de la Palabra."
Actos Proféticos El Ministerio Isaías 58.7 La organización de la Iglesia para el Evangelismo. Efesios 4.11-13		Choque de Lealtades	El Ministerio de Sanidad, Liberación Marcos 1.23-31 Marcos 1.32-34 Isaías 58.6-7	"Y el número de los discípulos se multiplicaba grandemente."

Figura 5.1

6

El desafío

Luego el fin, cuando entregue el reino al Dios y Padre, cuando haya suprimido todo dominio, toda autoridad y potencia.
Porque preciso es que Él reine hasta que haya puesto a todos sus enemigos debajo de sus pies.
1 Corintios 15.24-25

Tal y como comprobamos en la primera sección, en esta batalla no existe un sitio neutral. El hombre se ve necesariamente envuelto en este conflicto cósmico que se denomina la guerra espiritual. Dentro del mismo, y como en toda guerra, existen enemigos. La característica básica de esos enemigos, y probablemente la razón por la cual no se les pone la atención debida, es su invisibilidad. En esta segunda sección, estaremos continuamente refiriéndonos al esquema ilustrativo *(Figura 6.1)*, que tiene por objeto facilitar la comprensión y la eventual enseñanza del tema. Por favor siéntase en libertad de fotocopiarlo o reproducirlo de cualquier manera que considere beneficiosa. En la primera parte del esquema,

SER HUMANO INTEGRAL	EL DESAFIO
	LA GUERRA ESPIRITUAL
1 Ts 5.23 ESPÍRITU	Efesios 6.12, Efesios 1.21, Colosenses 1.16, Colosenses 2.15 Principados, Potestades, Gobernadores de las tinieblas de este siglo, huestes espirituales de maldad en las regiones celestes, Autoridades, poderes, señoríos, nombres, tronos y dominios (hypsoma)
ALMA	2 Corintios 10.3-5 Fortalezas, Argumentos, imaginaciones, Altiveces, Pensamientos, Estructuras, Ideas, Conceptos, Ideologías, Idiosincracia, Cultura.
CUERPO	Deuteronomio 28.23, Isaías 25.7, Job 37.19, 2 Corintios 4.4 Consecuencias Físicas, Cubierta de tinieblas, Velo de Ceguera, Puerta cerrada, cerrojo de hierro, Resistencia al Evangelismo.

FIGURA 6.1

que hemos decidido llamar «el desafío» examinaremos a nuestros enemigos invisibles, las fuerzas que desafían al hombre en su búsqueda de la bendición. Sea esta bendición la evangelización del mundo o la transformación de nuestras comunidades para el bienestar de sus habitantes.

De acuerdo a nuestra clasificación de espíritu, alma y cuerpo, agruparemos a estos enemigos de acuerdo a su propia naturaleza.

Los poderes

Existen en la Palabra cuatro pasajes básicos que enumeran un grupo de seres espirituales, entidades sin cuerpo que desafían al ser humano en el plano meramente espiritual. Normalmente los creyentes se refieren a estos seres espirituales por el nombre de demonios, y es comúnmente aceptado reconocer que existen diversos demonios de diferentes rangos. Por razones de facilidad, agruparemos a este grupo de seres espirituales bajo una sola categoría que denominaremos: «Los Poderes».

Efesios 6.12 «Porque no tenemos lucha contra carne y sangre, sino contra *principados*, contra *potestades*, contra los *gobernadores de las tinieblas de este siglo*, contra *huestes espirituales de maldad* en las regiones celestes».

Efesios 1.21 «Sobre todo *principado* y *autoridad* y *poder* y *señorío*, y *sobre todo nombre que se nombra*, no sólo en este siglo, sino también en el venidero».

Colosenses 1.16 «Porque en Él fueron creadas todas las cosas, las que hay en los cielos y las que hay en la tierra, visibles e invisibles; sean *tronos*, sean *dominios*, sean *principados*, sean *potestades*; todo fue creado por medio de Él y para Él».

Colosenses 2.15 «Y despojando a los *principados* y a las *potestades*, los exhibió públicamente, triunfando sobre ellos en la cruz».

De estos pasajes obtenemos una lista, que enumeramos a continuación, tratando de no ser repetitivos, y siguiendo el criterio establecido por la versión Reina Valera de 1960.

Principados
Potestades
Gobernadores de las tinieblas
Huestes espirituales de maldad
Autoridades
Poderes
Señoríos
Nombres
Tronos
Dominios

Es evidente que el reino de las tinieblas posee una jerarquía, en la cual los rangos superiores rigen o ejercen autoridad sobre los inferiores.

Mucho se ha hablado sobre cada uno de estos poderes. No creo que sea necesario que procedamos a describir cada uno de ellos. Existe amplia bibliografía al alcance de todos. Sin embargo me gustaría hacer unas observaciones. Una de ellas responde al hecho de que parece haber tres grupos distintos en la enumeración bíblica de los poderes. Uno que obedece principalmente a su característica básica: Demonios. Allí encontramos a los gobernadores de las tinieblas y las huestes espirituales de maldad. El segundo grupo más bien corresponde a los conceptos de autoridad y poder, y aglutina a los principados, potestades, autoridades, poderes, señoríos, dominios y tronos. Y, por último encontramos un tercer concepto muy especial. Se trata de los «nombres». Es evidente en la Biblia que los nombres ocupan un lugar muy importante, porque su significado provoca un efecto en el mundo espiritual. El ejemplo que nos ofrece el libro de Génesis cuando Dios cambia el nombre del patriarca de Abram a Abraham es sumamente ilustrativo. Lo que no había pasado en veinticuatro años desde que la promesa había sido dada por Dios, vino a suceder en tan solo un año después del cambio de nombre. Es conocido de todos, que en el Antiguo Testamento, los nombres de los hijos y aún de los lugares no se escogían al azar, o por moda, sino más bien por su significado, que habría de afectar la vida del que lo llevara. Aún el día de hoy, es asombroso descubrir que a menudo las características de una persona corresponden al significado de su nombre.

La territorialidad de los espíritus

Hoy en día el concepto de la «Territorialidad de los espíritus» es un concepto ampliamente reconocido.[1] Hubo un tiempo en el cual nos dimos a la tarea de estudiar la Palabra para poder enseñar el concepto de la territorialidad que debido básicamente a la mentalidad occidental, era no sólo desconocido sino ampliamente rechazado. Especialmente debido a su íntima relación con el concepto del «hombre fuerte». Sin embargo la evidencia Bíblica (y la experiencia práctica) ha demostrado que se trata de un concepto escritural de suma importancia.

Tenemos un ejemplo muy hermoso en el quinto capítulo del Evangelio según San Marcos, acerca de un hombre que estaba demonizado y pertenecía a la región de Gadara, de tal manera que se le llama «el gadareno». Jesús llega a este lugar y tiene un encuentro, un choque de poder con el espíritu inmundo que oprimía a este hombre. Evidentemente ese demonio, que se llamaba Legión (lo cual significa: «número indeterminado y copioso de personas o espíritus»), ejercía una autoridad que rebasaba los límites del individuo. No se quedaba solamente en demonizar a ese hombre en particular,

---

1. *Warfare Prayer*, C. Peter Wagner, Regal Books, (pp. 89-103; en castellano *Oración de guerra*, Editorial Betania).

sino que iba mucho más allá. Se trataba exactamente de lo que hoy denominamos un espíritu territorial, un demonio que tiene un área de autoridad territorial o geográfica. ¿En qué me apoyo para semejante afirmación? Sigamos el relato bíblico: Jesús llegó a la región de los gadarenos, y enseguida le salió al encuentro de los sepulcros, un hombre que tenía espíritu inmundo. Cuando vio a Jesús, arrodillado clamaba a gran voz. Respondiendo a una pregunta del Señor, el espíritu le dice: «Legión me llamo, porque somos muchos. Y le rogaba mucho que no los enviase fuera de aquella región». Si leyésemos nosotros en una Biblia en inglés sería mucho más claro porque esa versión dice: «permítenos que no salgamos de este país». Resulta evidente que el espíritu inmundo deseaba quedarse en esa área o territorio, porque gozaba de un privilegio que no tendría en otra parte. Es lo que entendemos como autoridad territorial. El presidente de mi país goza de autoridad en Guatemala, pero, aunque se le aprecie y respete en otra nación, simple y sencillamente allí carece del mismo privilegio.

Cuando Jesús les dio permiso, los espíritus inmundos salieron de aquel hombre para entrar en un hato de dos mil cerdos. Lo que sucede a continuación es muy revelador. Este hombre, obviamente, siente amor y agradecimiento por Jesús, lo cual es algo muy natural dado que el Señor acaba de libertarle. El hombre gadareno quiere irse con Jesús, pero pasa algo muy curioso. El Señor Jesucristo no se lo permite, sino que le dice: «Vete a tu casa, a los tuyos y cuéntales cuán grandes cosas el Señor ha hecho contigo, y cómo ha tenido misericordia de ti».

A mí me parece impresionante que este hombre, que un momento antes estaba demonizado por una legión de demonios, es libertado por Jesús, quien de inmediato le confía el ministerio de evangelista. El resultado de la liberación es aun más impactante. El gadareno va y predica el evangelio en Decápolis, que, como usted sabrá, significa: «Diez ciudades».

De manera que venimos a entender que ahora la opresión que se manifestaba a través de este hombre, se convierte en libertad para ir y llevar el evangelio en diez ciudades. El poder que este espíritu inmundo ejercía sobre Decápolis había sido roto.

Esta verdad nos conduce al concepto del «hombre fuerte». Una frase muy particular que aparece en los Evangelios de Mateo y Lucas, dentro de un contexto de enseñanza acerca de la demonología. Se trata de nuestro Señor Jesucristo, quien explica la necesidad de enfrentar al «hombre fuerte», atarle y vencerle, para poder saquear sus bienes.

«Cuando el hombre fuerte armado guarda su palacio, en paz está lo que posee. Pero cuando viene otro más fuerte que él y le vence, le quita todas sus armas en que confiaba, y reparte el botín» (Lucas 11.21-22).

«Porque ¿cómo puede alguno entrar en la casa del hombre fuerte, y saquear sus bienes, si primero no le ata? Y entonces podrá saquear su casa» (Mateo 12.29).

Para mí resulta obvio que si el Señor hubiese querido decir espíritu fuerte, así lo habría dicho. Si él hubiese querido decir demonio fuerte, eso habría hecho. Pero dijo: Hombre fuerte. Lo cual contiene una gran enseñanza para nosotros. Muchas veces existe un hombre fuerte; literalmente un ser humano, que ha realizado un pacto con el diablo o con ciertos demonios, y a quien, como consecuencia de ese pacto, le ha sido concedido dominio espiritual sobre un determinado territorio. La comprensión de este concepto puede facilitarse si usamos un símil. Cuando un ministro del evangelio, un siervo de Dios es usado grandemente por el Señor, nosotros usamos comúnmente la expresión: Está ungido. ¿Qué significa esto? Que el hermano goza de una relación con el Señor, quien le ha ungido con el Espíritu Santo y poder. Es generalmente aceptado que esto se debe a una comunión íntima con Dios, a través de la alabanza, la oración, el ayuno y la Palabra del Señor. Es decir, líneas de comunicación o comunión que este particular ministro establece y mantiene constantemente con Dios. De la misma forma hay personas que se dedican a tejer líneas de comunicación con el diablo. Usualmente les llamamos brujos o hechiceros. Se trata de hombres o mujeres que, con el afán de adquirir poder, alaban, adoran a Satanás y hacen pactos con él. El resultado es lo que encontramos en la Biblia como un «hombre fuerte». Una persona «conectada» a Satanás, que le sirve, y por medio de la cual el diablo ejerce autoridad o poderío sobre un territorio, sobre una comunidad o un conglomerado social. Por otro lado es evidente que el diablo, conociendo sus limitaciones, se esfuerza por usar un elemento físico que sirva a sus fines. Las Escrituras enseñan que los demonios andan en busca de un cuerpo humano para habitar (Mateo 12.43 y Lucas 11.24), y aún se conforman con usar el cuerpo de animales (Marcos 5.12).

Nuestro interés en este tema deriva del hecho de que hemos visto una y otra vez, que cuando el hombre fuerte es vencido en un determinado territorio, sus habitantes quedan libres para recibir la luz del evangelio.[2] El testimonio de lo que Dios ha hecho a través de la oración de sus hijos en Guatemala, y la derrota de Maximón en la llamada Ciudad Milagro de Almolonga ya es algo legendario.[3]

Como afirmación acerca del tema de la territorialidad de los espíritus, sugiero al lector estudiar con cuidado los dos pasajes siguientes y su contexto. Estoy seguro de que al hacerlo, obtendrá mucha bendición.

Segundo de Reyes 17.24-28 «Y trajo el rey de Asiria gente de Babilonia, de Cuta, de Ava, de Hamat y Sefarvaím, y los

---

2. Véase el capítulo del Autor: *Cómo derrotar al enemigo con la ayuda de la cartografía espiritual*, (pp. 125-148), en el libro: <u>La Destrucción de Fortalezas en su Ciudad</u>. Editado por Peter Wagner, Editorial Betania.
3. *Informed Intercession*, por George Otis, Jr. Renew, a division of Gospel Light. (pp. 18-23). *The Twilight Labyrinth*, por George Otis, Jr, Chosen Books, (pp.308-311). *Confronting the Powers*, Peter Wagner, Regal Books, (pp. 217-220; en castellano *Confrontemos las fortalezas*, Editorial Betania).

puso en las ciudades de Samaria, y habitaron en sus ciudades. Y aconteció al principio, cuando comenzaron a habitar allí, que no temiendo ellos a Jehová, envió Jehová contra ellos leones que los mataban. Dijeron, pues, al rey de Asiria: Las gentes que tú trasladaste y pusiste en las ciudades de Samaria, no conocen *la ley del Dios de aquella tierra*, y él ha echado leones en medio de ellos, y he aquí que los leones los matan, porque no conocen la ley *del Dios de la tierra*. Y el rey de Asiria mandó diciendo: Llevad allí a alguno de los sacerdotes que trajisteis de allá, y vaya y habite allí, y les enseñe la ley del Dios del país. Y vino uno de los sacerdotes que habían llevado cautivo de Samaria, y habitó en Bet-el, y les enseñó como habían de temer a Jehová».

Daniel 10.12-14 «Entonces me dijo: Daniel, no temas; Porque desde el primer día que dispusiste tu corazón a entender y a humillarte en la presencia de tu Dios, fueron oídas tus palabras; y a causa de tus palabras yo he venido. Más *el príncipe de Persia* se me opuso durante veintiún días; pero he aquí Miguel, uno de los principales príncipes, vino para ayudarme, y quedé allí con los reyes de Persia».

Daniel 10.20-21 «El me dijo: ¿Sabes por qué he venido a ti? Pues ahora tengo que volver para pelear contra el príncipe de Persia; y al terminar con él, *el príncipe de Grecia* vendrá. Pero yo te declararé lo que está escrito en el libro de la verdad; y ninguno me ayuda contra ellos, sino Miguel *vuestro príncipe*».

Las estructuras

En segundo lugar, contamos con una serie de palabras que nos presenta la Biblia, que tienen como denominador común su ubicación en el área correspondiente al alma. Se trata de lo que denominaremos «las estructuras». El pasaje por excelencia es:

2 Corintios 10.3-5 «Pues aunque andamos en la carne, no militamos según la carne; porque las armas de nuestra milicia

no son carnales, sino poderosas en Dios para la destrucción de *fortalezas*, refutando *argumentos*, y toda *altivez que se levanta contra el conocimiento de Dios*, y llevando cautivo todo *pensamiento* a la obediencia a Cristo».

Del anterior versículo, y de la evolución natural de esos conceptos, obtendremos una lista más detallada, que apuntamos a continuación.

Fortalezas
Argumentos
Imaginaciones
Altiveces que se levantan contra el conocimiento de Dios
Pensamientos
Ideas
Ideologías
Conceptos
Estructuras
Idiosincrasia
Cultura

Como usted ha visto, cada una de las anteriores palabras definen elementos que constituyen la forma de pensar y expresarse de la persona humana. Se trata de las estructuras básicas con las cuales el hombre expresa lo que siente, cree y desea. Son por tanto elementos pertenecientes al área del alma del ser humano. Se refieren a la expresión del intelecto o mente, las emociones o sentimientos, y la voluntad o capacidad volitiva. Dado que se trata de los bloques que conforman la expresión del alma humana, he decidido llamarlas estructuras, pues me doy cuenta de que cada una constituye un bloque sobre el cual la siguiente es edificada. De tal forma, apegado al lenguaje bíblico, el elemento básico es un pensamiento, y la estructura final, completamente desarrollada será una «fortaleza».

Si nosotros enumeramos estas palabras en una secuencia de desarrollo progresivo, usted se dará cuenta de cómo evolucionan los conceptos.

Un pensamiento es el elemento básico. La Biblia nos indica que cada uno de nosotros debemos llevar cada pensamiento cautivo a la obediencia a Cristo (2 Corintios 10.5).

Quiero compartir acá una ilustración que puede bendecirle grandemente. Al visitar una planta empacadora y distribuidora de huevos, tuve una experiencia muy especial. Vi una faja en movimiento que transportaba los huevos que serían revisados antes de ser empacados. Había operadoras a ambos lados de la faja, que escogían los huevos para colocarlos en sus respectivas cajas. Debajo de la faja había instalada una luz fuerte que traspasaba la faja e iluminaba el interior de los huevos. De esta manera las operadoras podían cerciorarse de que los huevos estuvieran bien, y a la vez podían darse cuenta si había alguno descompuesto, el cual era separado de inmediato y lanzado a la basura. Mientras observaba el proceso, Dios habló a mi corazón e hizo realidad en mí la necesidad de llevar cada pensamiento cautivo a la obediencia a Cristo. Es necesario que cada uno de nosotros juzgue cada pensamiento que viene a nuestra mente, y lo expongamos a la luz de la Palabra de Dios. Solamente la Palabra nos indicará si ese pensamiento es edificante para nosotros y nos lleva a la libertad gloriosa en Cristo.

«Porque la Palabra de Dios es viva y eficaz, y más cortante que espada de dos filos; y penetra hasta partir el alma y el espíritu, las coyunturas y los tuétanos, y *discierne los pensamientos* y las intenciones del corazón» (Hebreos 4.12).

Un hombre está constituido por lo que piensa (Proverbios 23.7), así que la calidad de los pensamientos que permitimos entrar a nuestro sistema, va a tener un efecto (positivo o negativo) en nuestra vida. Los pensamientos que permitimos en nuestra mente van a afectar todo lo que hacemos. Por eso la Palabra dice: «No penséis más de lo que está escrito» (1 Corintios 4.6). Quizás usted prefiera un ejemplo más moderno. Le contaré lo que me sucedió a continuación y me confirmó nuevamente la enseñanza anterior. En ese entonces usaba yo una computadora marca Apple, la cual tenía un sistema muy interesante. Yo suelo trasladar mis documentos de una computadora portátil a la del escritorio de la casa, y cada vez que lo hacía, trasladaba mis documentos a través de insertar un disco en la computadora del escritorio. Cuando el disco era insertado la computadora me daba un mensaje de espera, en el cual me indicaba que la máquina estaba revisando el disco para saber si no había en él un virus dañino a mi computadora. Esto es lo que Dios nos manda. Que examinemos cada pensamiento, comparándolo con la Palabra de Dios, para no pensar más de lo que está escrito, y centrarnos en pensar únicamente lo que Él ha aprobado.

«Y la paz de Dios, que sobrepasa todo entendimiento, guardará vuestros corazones y vuestros pensamientos en Cristo Jesús. Por lo demás, hermanos, *todo lo que es verdadero, todo lo honesto, todo lo justo, todo lo puro, todo lo amable, todo lo que es de buen nombre; si hay virtud alguna, si algo digno de alabanza, en esto pensad*» (Filipenses 4.7-8).

La conclusión es que cada uno de nosotros debería ser cuidadoso con los pensamientos que entran a nuestro sistema. Debemos llevar *todo* pensamiento cautivo a la obediencia a Cristo. Si no lo hacemos, corremos el riesgo de permitir que uno de esos pensamientos «no cautivos» se convierta en una «altivez contra el conocimiento de Dios», es decir un pensamiento contrario a la Palabra de Dios.

Ahora bien, si una altivez contra el conocimiento de Dios penetra las barreras de nuestra mente (alma), podemos estar a las puertas de crear una fortaleza, que eventualmente nos esclavizará.

Siguiendo la secuencia de desarrollo progresivo, una serie de *pensamientos* o de altiveces, se convierten en una *idea*. Una serie de ideas, da paso a un *concepto*. Una serie de conceptos pasa a ser un *argumento*. Varios argumentos juntos crean lo que llamamos una *fortaleza*.

Debemos recordar que la fortaleza tiene la connotación de una prisión diseñada para no permitir que los que están dentro puedan salir, o bien una fortaleza puede tratarse de un castillo diseñado para que los que están afuera no puedan entrar. De cualquier manera se trata de algo que constituye un obstáculo, un impedimento para una total libertad.

Una serie de ideas o fortalezas constituyen una *ideología* que puede en un momento dado llegar a esclavizar a mucha gente, como ha sido el caso del comunismo o nazismo.

Las ideas, ideologías y conceptos que unen a un conglomerado de personas (sea este territorial en el caso de una nación o bien se trate de una raza particular), da lugar a lo que llamamos la *idiosincrasia* propia del lugar o la *cultura* de un pueblo, comprendiendo a estas como el conjunto de creencias, conceptos, ideas, expresión artística, religiosa, etcétera.

Argumentos (*logizomai*) y altiveces (*hypsoma*)

El Dr. C. Peter Wagner ha sido un amigo y un mentor para mí. Y en una ocasión cuando yo terminé mi exposición, me habló diciendo: «Harold, no eres mi alumno, pero eres como un hijo para mí, así que quiero compartir algo contigo», y a continuación me compartió lo que él había investigado acerca de la gran diferencia entre los argumentos y las altiveces. De hecho es tan importante esta diferencia que técnicamente debiéramos colocar a los argumentos en el área relativa al alma, y a las altiveces en el área del espíritu. Decidí dejar el esquema como estaba por su sencillez para entenderlo (y enseñarlo), pero creí conveniente incluir esta explicación.

Las palabras argumentos, pensamientos, ideas, conceptos, pertenecen al grupo de la palabra griega «*logizomai*» y comparten un origen humano. Pensamientos, decisiones y acciones humanas. Como vimos con detalle en la primera sección de este libro, lo que el hombre decide y hace, tiene un efecto o consecuencia en el mundo espiritual. Esta palabra «*logizomai*» pertenece totalmente al área del alma: Mente, intelecto, sentimientos, emociones y voluntad.

Las «altiveces que se levantan contra el conocimiento de Dios» por el contrario, tienen un origen espiritual. J. Blunck, citado por el Dr. Wagner[4] nos dice: «El uso en el Nuevo Testamento de la palabra hypsoma probablemente refleja ideas astrológicas, y por tanto denota poderes cósmicos». Los pasajes de Romanos 8.39 y 2 Corintios 10.5 se refieren a poderes dirigidos en contra de Dios, que buscan intervenir entre Dios y el hombre. Posiblemente están relacionados a la «*stoicheíatou kosmou*», los poderes elementales de este mundo (Colosenses 2.8,20). Aunque estos nos parezcan tan altos y poderosos, debemos resistirles enérgica y vigorosamente (2 Corintios 10.5), sabiendo que ni siquiera ellas podrán separar a los creyentes de Cristo (Romanos 8.39).

Las altiveces son el resultado de poderes cósmicos traducidos en ideas astrológicas diseñadas para separar al hombre del Dios verdadero. Probablemente uno de los mejores ejemplos que existe en este sentido es todo aquello relacionado con el zodíaco y el horóscopo. ¿Cuánta gente deja entrar espíritus a sus vidas a través de esta forma aparentemente inofensiva, que no es otra cosa que producto del espíritu de adivinación? A nosotros nos parece increíble que las personas sean totalmente dominadas por el horóscopo hasta el punto que no actúan (algunos ni salen de su casa) si no lo consultan. La realidad es que no están dominados por ideas, sino por los poderes cósmicos que están detrás de esas ideas.

Si bien es bueno reconocer cuando se trata de un argumento y cuando se trata de una altivez, y sus diferencias, lo único realmente importante es saber que el Nombre de Jesús es más que suficiente para atar y vencer a ambos.

---

4. *Confronting the Powers*, por C. Peter Wagner, Regal Books, (pp. 238-240; en castellano *Confrontemos las fortalezas*, Editorial Betania). El Dr. Wagner cita a J. Blunck según «The New International *Dictionary of the New Testament Theology*», editado por Colin Brown, de Zondervan Publishing House, ISBN 0-310-33238-9 (2do Volumen, pp. 198 a 205).

Cómo se manifiestan los poderes

Como quedó establecido anteriormente, los demonios o «los poderes» son espíritus sin cuerpo. ¿Cómo es posible entonces que seres sin cuerpo puedan afectar al hombre, y aun a los territorios, que son físicos? Se hace necesaria la inclusión de un elemento intermedio entre los poderes y los hombres. La mentalidad secular coloca al hombre como un ser compuesto de cuerpo y alma. Sin embargo la Biblia nos habla de tres: espíritu, alma y cuerpo (1 Tesalonisenses 5.23). El elemento intermedio entre el espíritu y el cuerpo es el alma. Como sabemos, el alma está compuesta de tres partes: La mente, las emociones y la voluntad. Es en esta área donde se colocan las ideas, los sentimientos y las decisiones. Como establecimos en la primera sección, en el capítulo cuatro, el diablo no tiene poder en sí mismo, sino que se le hace necesario usar la única fuente adicional de poder que existe en el universo, la cual proviene del alma del hombre. Así que no es extraño, que los poderes usen lo que denominamos las estructuras, para esclavizar a los hombres. Dentro del concepto de estructuras, debemos incluir las ideologías, la cultura y la idiosincrasia, pero por supuesto la palabra clave es «fortalezas». *Los poderes influencian la mente de los hombres, para crear las fortalezas,* maneras de pensar que son contrarias a la Palabra de Dios, para apartar al hombre del plan divino y así reducirle a la esclavitud.

Los efectos en el mundo natural

Los poderes actúan a través de las estructuras mentales, produciendo consecuencias físicas sobre la gente y aún sobre el territorio. El hombre se encuentra en un medio que le es hostil (1 Juan 5.19 y Juan 17.15). Su enfrentamiento en contra del mundo, el diablo y la carne es continuo (Efesios 2.1-3). Y, cuando de su propia concupiscencia es atraído y seducido, peca, y el pecado, siendo consumado da la luz la muerte

(Santiago 1.14-15). De la misma manera que la vida es luz (Juan 1.4), la muerte es tinieblas. En mi entendimiento, cada pecado, personal o corporativo constituye un hilo en el tejido de la cubierta de tinieblas. Romanos 6.23 dice: «Porque la paga del pecado es muerte...» Así se va tejiendo la cubierta de tinieblas sobre una ciudad o una nación, a causa del pecado de sus habitantes. Imagine usted el efecto del pecado generación tras generación sobre un territorio.[5]

Isaías 25.7 «Y destruirá en este monte *la cubierta* con que están cubiertos todos los pueblos, y el velo que envuelve a todas las naciones».

2 Corintios 4.4 «*En los cuales el dios de este siglo cegó el entendimiento de los incrédulos, para que no les resplandezca la luz del evangelio de la gloria de Cristo, el cual es la imagen de Dios*».

Cuando existe una cubierta de tinieblas, un aspecto de lo más impresionante lo constituye el hecho de que la gente que está bajo esa cubierta, prácticamente está inconsciente de la existencia de los problemas. Aún los mismos creyentes no parecen discernir las causas de la ceguera, mientras están bajo la misma. Cuando llego a las distintas naciones donde he ministrado, me he preguntado muchas veces cómo es posible que fortalezas y consecuencias que son tan evidentes para nosotros los extranjeros, estén tan ocultas para los que viven allí. Me impresionó mucho encontrar la respuesta bíblica para esta interrogante.

Job 37.19 «Muéstranos qué le hemos de decir; porque nosotros no podemos ordenar las ideas a causa de *las tinieblas*».

En una ciudad o un conglomerado social donde existe una cubierta de tinieblas, todos los que habitan allí, están «debajo» de esas tinieblas. Y las tinieblas alteran su forma de percibir la realidad. Lo que llamamos la mentalidad occidental,

---

5. Para los interesados en el tema de «*Las líneas de Iniquidad*», el autor posee un estudio profundo sobre el tema en Audio-Cassettes, que se pueden obtener a través de Ministerios El Shaddai, Guatemala (www.elshaddai.net).

por ejemplo, hace creer al hombre que no existe lo sobrenatural. La mentalidad «griega»[6] niega la realidad del mundo espiritual, porque no lo puede explicar por medio de la razón. Por tal motivo, hay muchos creyentes en América y Europa que no creen que existen los demonios. El poder de las fortalezas es tal, que he encontrado en ciertos países que las leyes que promulgan van relacionadas con las fortalezas mentales colectivas. En cierto país encontré que el Estado regula la herencia que puede dejarse a un hijo, limitándola a un monto máximo, mientras el Estado guarda todo para el cuidado de la persona hasta el día que muera, porque están convencidos de que el 98% de todos los habitantes morirá del mal de Alzheimer. Hubiera visto la sorpresa en el rostro de estas personas cuando yo les comenté que en mi país casi no conocíamos la enfermedad. De inmediato ellos pensaron en la dieta alimenticia. Yo pensé en la dieta mental.

En otro continente encontré que el concepto de la menopausia femenina, tan común en el continente americano, al punto que se da por obligado para toda mujer, y que por cierto constituye fuente de no pocas ganancias para las compañías farmacéuticas, era absolutamente inexistente.

Y aun en otro país que conozco, el Congreso se vio en la necesidad de prohibir la importación de los equipos médicos de ultrasonido, tan populares en otros países para poder ver al feto dentro del vientre materno, porque a través de este examen muchas familias comprobaban que tenían una niña y no un niño como la cultura social demanda, por lo cual muchas parejas decidían abortar al bebé. Con el objeto de impedir el crecimiento en el número de abortos, el gobierno

---

6. Cuando nos referimos a la mentalidad griega, nos referimos a la acción del llamado espíritu de Grecia, que tiene su manifestación «cultural» a través de la cosmovisión occidental. De nuevo, si el lector desea más información acerca de este material de estudio, recurra a Ministerios El Shaddai, Guatemala.

decidió impedir el ingreso al país de estos aparatos. Una manera curiosa de luchar contra las «fortalezas». La cubierta de tinieblas produce frutos casi increíbles. Hasta se llegan a justificar hechos y costumbres que van en contra de la Palabra de Dios, por la simple razón de que son parte de la cultura y la historia de la sociedad de ese lugar.

La cubierta de tinieblas juega un papel clave para que las oraciones sean obstaculizadas, como en el caso del profeta Daniel. La respuesta de Dios fue inmediata, sin embargo tomó veintiún días para que el ángel Gabriel, portador de la respuesta pudiera vencer la resistencia del Príncipe de Persia y la cubierta de tinieblas, que en ese caso particular, sin duda se refería a los pecados de Persia, y a los de la apostasía de Israel que habían causado su cautividad a manos de Babilonia y la consiguiente cautividad a manos de Persia. Pecados de «sus padres» por los cuales se humillaba el profeta (Daniel 9 y 10).

La cubierta de tinieblas es decisiva a la hora de la evangelización. Hoy todos manejamos el concepto de los cielos abiertos, entendiendo que así se da un evangelismo efectivo.

«Y [Jesús] le dijo: De cierto, de cierto os digo: De aquí en adelante veréis el cielo abierto, y a los ángeles de Dios que suben y descienden sobre el Hijo del Hombre» (Juan 1.51).

Y, cuando la Palabra define el papel de los ángeles, dice: «¿No son todos espíritus ministradores, enviados para servicio a favor de los que serán herederos de la salvación?» (Hebreos 1.14).

Deuteronomio 28.23 «Y los cielos que están sobre tu cabeza serán de bronce, y la tierra que está debajo de ti, de hierro».

Siguiendo la secuencia de nuestro esquema, al enfocarnos en los efectos de los poderes y las fortalezas sobre las personas y los territorios, tenemos que señalar los extremos siguientes:

a) La cubierta de tinieblas representa una manera de pensar marcada por las altiveces que se levantan en contra del conocimiento de Dios. Quizá sea muy fácil imaginar un país pagano, absolutamente entregado a la idolatría. Pero, ¿qué opina si hacemos un pequeño ejercicio mental y pensamos en la Rusia comunista que solía decir: «La religión es el opio del pueblo»? ¿O la ciudad de Nueva York y Mamón, el dios de las riquezas? *La cultura de un país refleja exactamente a los poderes invisibles*. Es fácil comprender qué tipo de cubierta prevalece sobre Francia, si pensamos que en ella se producen los mejores perfumes (olfato), los mejores vinos y comidas (gusto). Son los líderes en las áreas relativas a las artes, arquitectura, estética, etcétera, (vista). Ni qué decir de la escultura, la moda, telas, pieles y demás (tacto), y hasta su mismo idioma es un halago para aquel que lo escucha (oído). El marcado hedonismo de la cultura revela el espíritu de sensualismo que ha producido esa cubierta de tinieblas.

b) A través de la manera de pensar de un pueblo, se moldean sus acciones, y a través de estas se eleva a ciertos espíritus a un trono, es decir a una posición de dominio o señorío.[7]

c) La cubierta de tinieblas plagada de altiveces, hace que venga un velo de ceguera sobre las personas que se encuentran debajo de ella (2 Corintios 4.4), para obstaculizar el evangelismo. Por ellos se hace necesario remover ese velo a través de la oración intercesora.

d) Puertas cerradas, cerrojos de hierro (Apocalipsis 3.7).

e) Por último, se hace necesario citar como consecuencia de los poderes y las fortalezas el hecho de que aun los

---

7. El autor se encuentra finalizando un segundo libro llamado «*Reyes y Sacerdotes*» donde se trata este tema en detalle.

elementos naturales de un territorio son afectados. No me refiero solamente a condiciones sociales de corrupción, pobreza, improductividad, ataduras por los vicios y enfermedad, sino aun a las condiciones naturales del territorio.

En el particular caso de Almolonga, en Guatemala, la población se hallaba cautiva por la pobreza, el alcoholismo, la violencia doméstica, la brujería y la idolatría. A esto se unía el factor «natural» de la aridez del suelo, la falta de agua y la consiguiente improductividad de la tierra. Como una nota curiosa, la tierra estaba cubierta con una gran cantidad de piedras de todo tamaño. La transformación que Almolonga ha experimentado a través de la guerra espiritual y el evangelismo y que la ha llevado al día de hoy a que un noventa por ciento de sus habitantes sean creyentes nacidos de nuevo, ha resultado en un profundo impacto social, que ha causado bendiciones extraordinarias, como el hecho de que la última cárcel haya cerrado sus puertas hace siete años por falta de prisioneros. Esto puede parecer maravilloso, pero igualmente impactante es ver que Dios literalmente ha sanado la tierra (2 Crónicas 7.14), y esta se ha convertido en el valle más fértil del país, donde el agua sale de debajo de la tierra y produce hoy los vegetales más maravillosos que Usted pueda imaginarse en unas cosechas tan abundantes que desafían a la imaginación.

Cuando he escuchado las exclamaciones de sorpresa ante este testimonio, pienso que se trata de algo gracioso el asombro que a veces nos causa ver que lo que Dios hace no es sino confirmar su Palabra.

«Acontecerá que si oyeres atentamente la voz de Jehová tu Dios, para guardar y poner por obra todos sus mandamientos que yo te prescribo hoy, también Jehová tu Dios te exaltará sobre todas las naciones de la tierra. Y vendrán sobre ti todas estas bendiciones y te alcanzarán, si oyeres la voz de Jehová tu Dios.

Bendito serás tú en la ciudad, y bendito tú en el campo.

Bendito el fruto de tu vientre, el fruto de tu tierra, el fruto de tus bestias, la cría de tus vacas y los rebaños de tus ovejas.

Benditas serán tu canasta y tu artesa de amasar.

Jehová te enviará su bendición sobre tus graneros, y sobre todo aquello en que pusieres tu mano; y te bendecirá en la tierra que Jehová tu Dios te da.

Y te hará sobreabundar en bienes, en el fruto de tu vientre, en el fruto de tu bestia, en el país que Jehová juró a tus padres que te había de dar.

Te abrirá Jehová su buen tesoro, el cielo, para enviar la lluvia a tu tierra en su tiempo, y para bendecir toda obra de tus manos. Y prestarás a muchas naciones, y tú no pedirás prestado.

Te pondrá Jehová por cabeza y no por cola; y estarás encima solamente, y no estarás debajo, si obedecieres los mandamientos de Jehová tu Dios, que yo te ordeno hoy, para que los guardes y cumplas,

Y si no te apartares de todas las palabras que yo te mando hoy, ni a diestra ni a siniestra, para ir tras dioses ajenos y servirles.

Pero acontecerá, si no oyeres la voz de Jehová tu Dios, para procurar cumplir todos sus mandamientos y sus estatutos que yo te intimo hoy, que vendrán sobre ti todas estas maldiciones, y te alcanzarán.

Maldito serás tú en la ciudad y maldito en el campo.

Maldita tu canasta, y tu artesa de amasar.

Maldito el fruto de tu vientre, el fruto de tu tierra, la cría de tus vacas, y los rebaños de tus ovejas.

Y los cielos que están sobre tu cabeza serán de bronce, y la tierra que está debajo de ti, de hierro.

Dará Jehová por lluvia a tu tierra polvo y ceniza; de los cielos descenderán hasta que perezcas.

Y vendrán sobre ti todas estas maldiciones y te perseguirán, y te alcanzarán hasta que perezcas; por cuanto no

habrás atendido a la voz de Jehová tu Dios, para guardar sus mandamientos y sus estatutos, que él te mandó.
Deuteronomio 28.1-5,8,11-18,23,24, y 45

Bien dice la Escritura que la creación misma espera que la Iglesia haga su parte del plan de Dios, trabajando para la redención de cada una de nuestras naciones.

«Porque el anhelo ardiente de la creación es el aguardar la manifestación de los hijos de Dios. Porque la creación fue sujetada a vanidad, no por su propia voluntad, sino por causa del que la sujetó en esperanza; *Porque también la creación misma será libertada de la esclavitud de corrupción, a la libertad gloriosa de los hijos de Dios*. Porque sabemos que toda la creación gime a una, y a una está con dolores de parto hasta ahora; y no sólo ella, sino que también nosotros mismos, que tenemos las primicias del espíritu, nosotros también gemimos dentro de nosotros, esperando la adopción, la redención de nuestro cuerpo» (Romanos 8.19-23).

7

El porqué de los problemas

¿Quién hizo y realizó esto?
¿Quién llama las generaciones desde el principio?
Yo Jehová, el primero,
y yo mismo con los postreros.

Isaías 41.4

El concepto generacional

Todas las cosas tienen una razón de ser. Como dice la Palabra: «Así la maldición nunca vendrá sin causa» (Proverbios 26.2). Para entender las causales que han conducido a nuestras sociedades a ser lo que son el día de hoy, se hace necesario comprender un concepto sumamente arraigado en el corazón de Dios y en la Palabra. Es el concepto de las «generaciones», palabra que encontramos más de 700 veces en la Biblia.

El ser humano moderno suele pensar solamente acerca de «su» vida. Es decir, el plazo de 60, 70 u 80 años de vida. Este es un error muy grande, porque en términos bíblicos la vida de una persona no se limita a los años que pasa sobre la tierra. Dios ve mucho más allá de nosotros. Cuando Dios ve a una persona la ve desde sus antepasados hasta sus descendientes.

Me gusta pensar acerca del hombre como un árbol. Es cierto que tiene ramas, hojas y frutos que vemos en el árbol. Pero de ninguna manera podemos engañarnos pensando que eso es todo. Todos sabemos que el árbol no podría existir si no hubiera una estructura que lo nutre y lo sostiene que se llama «la raíz». No podemos verla, está bajo la tierra, pero sabemos que está allí y que de ella se originó el árbol. De la misma manera, el hombre que hoy vemos es el fruto de generaciones pasadas.

Cuando Dios explica por qué Abraham será una nación grande y fuerte, y por qué serán benditas en él todas las naciones de la tierra, nos da a entender que Abraham había asimilado el concepto de la importancia de nuestras generaciones: «Porque yo sé que *mandará a sus hijos y a su casa después de sí*, que guarden el camino de Jehová, haciendo justicia y juicio, para que haga venir Jehová sobre Abraham lo que ha hablado acerca de él» (Génesis 18.18-19).

Dios es un Dios generacional. Una y otra vez Él se presenta a sí mismo como el Dios de Abraham, Isaac y Jacob (Éxodo 3.6).

Quizás nosotros no ponemos tanta atención a este concepto, pero sin duda se trata de un hecho muy importante para el Señor.

En Hebreos Dios dice: «Y por decirlo así, en Abraham pagó el diezmo también Leví, que recibe los diezmos; *porque aún estaba en los lomos de su padre cuando Melquisedec le salió al encuentro*» (Hebreos 7.9-10).

Siempre me ha parecido apasionante el pasaje de Éxodo 34, donde la Palabra dice que Dios mismo dio a Moisés la descripción de Su nombre: «Y Jehová descendió en la nube, y estuvo allí con él, proclamando el nombre de Jehová. Y pasando Jehová por delante de él, proclamó: ¡Jehová! ¡Jehová! Fuerte, misericordioso y piadoso; tardo para la ira y grande en misericordia y verdad; que guarda la misericordia a millares, que perdona la iniquidad, la rebelión y el pecado, y que de ningún modo tendrá por inocente al malvado; que visita la iniquidad de los padres sobre los hijos y sobre los hijos, hasta la tercera y cuarta generación» (Éxodo 34.5-7). Me impresiona el hecho de que dentro de los elementos básicos del carácter de Dios, se cita la referencia a las generaciones. Yo vivo plenamente persuadido de que servimos a un Dios generacional.

«Conoce, pues, que Jehová tu Dios es Dios, Dios fiel, que guarda el pacto y la misericordia a los que le aman y guardan sus mandamientos, *hasta mil generaciones*» (Deuteronomio 7.19).

«*Se acordó para siempre de su pacto*; de la palabra que mandó para *mil generaciones*, la cual concertó con *Abraham*, y de su juramento a *Isaac*. La estableció a *Jacob* por decreto, *a Israel por pacto sempiterno*» (Salmo 105.8-10).

La herencia

El diccionario de la Lengua Española define la palabra herencia, bajo los siguientes apartados:

1. Derecho de heredar. 2. Conjunto de bienes, derechos y obligaciones que, al morir una persona, son transmisibles a sus herederos o sus legatarios. 3. Rasgo o rasgos morales, científicos, ideológicos, etc., que habiendo caracterizado a alguien, continúan advirtiéndose en sus descendientes o continuadores. 4. Rasgos o circunstancias de índole cultural, social, económica, etc., que influyen en un momento histórico procedentes de otro momento anterior. 5. Con-

junto de caracteres que los seres vivos reciben de sus progenitores.

De acuerdo a esta definición podemos heredar cosas tangibles, y otras que entran en la clasificación de intangibles.

La herencia genética

Todos nosotros nos hemos encontrado delante de un bebé recién nacido, y hemos hecho comentarios como: «Tiene los ojos de su papá, o la sonrisa de su madre». «Sacó la inteligencia de su padre, o la habilidad artística de su madre», estas son expresiones comunes. Me parece que el tema de la herencia genética está claro para todos. Se refiere a aquellas características o rasgos físicos que heredamos de nuestros padres. Aun más, se tiene absoluta conciencia de que lo que se transmite puede ser algo malo, y no solamente lo bueno. Como cuando un vendedor de seguros nos pregunta si hay diabetes, u otra enfermedad hereditaria en la familia. La herencia genética se llama así porque se transmite por medio de los genes. Podemos clasificarla dentro del área relativa al cuerpo, a lo físico.

La herencia ambiental

Posteriormente los científicos abrieron nuestros ojos hacia el hecho de que lo que se hereda no es solamente lo físico. Recibimos también de nuestros padres otras cosas, invisibles, intangibles, pero reales, como las características síquicas, como la personalidad y el temperamento, características culturales como el idioma, nuestra visión de la vida y nuestra forma de enfrentarnos a la realidad y, por supuesto, las condiciones sociales que recibimos de nuestros antepasados. A esto se le llama la herencia ambiental, porque es producto del ambiente en el cual crecimos y nos desarrollamos. De nuestros padres heredamos factores que van a incidir en nuestro desarrollo individual, y de la misma manera se los heredaremos a nuestros hijos.

Si tomamos este concepto, y lo trasladamos hacia un conglomerado social, ya no hablaremos de individuos, sino de ciudades y/o naciones. Entonces nos referiremos a la conciencia social, a la personalidad de la ciudad, a la idiosincrasia y a la cultura.

Una ciudad no es sino un conjunto de personas. Si las personas tienen una personalidad y una cultura, de la misma manera podemos entender que una ciudad tiene su propia personalidad y cultura.

La herencia espiritual

He encontrado muchos libros y artículos escritos sobre la herencia genética, y aun sobre la herencia ambiental. Sin embargo no he encontrado mayor información sobre el tema de la herencia espiritual. Un hecho extraño teniendo en cuenta que la Biblia está llena de referencias en este sentido. De la misma manera que heredamos de nuestros padres factores físicos y síquicos, recibimos también una herencia espiritual. Bien haremos si no ignoramos esta realidad.

Hay un pasaje en el libro de Job que nos hace ver la realidad de lo que he mencionado y me resulta tan impresionante:

Porque pregunta ahora a las generaciones pasadas,
y disponte a inquirir a los padres de ellas;
Pues nosotros somos de ayer y nada sabemos,
Siendo nuestros días sobre la tierra como sombra.
¿No te enseñarán ellos, te hablarán,
Y de su corazón sacarán palabras?.

Job 8.8-10

Es evidente que la Palabra está hablando de lo que llamo la «raíz de los hombres»; es decir, aquello que existe, aunque no lo podamos ver.

> *He aquí, todo el que usa de refranes te aplicará a ti el refrán que dice: Cual la madre, tal la hija. Hija eres tú de tu madre, que desechó a su marido y a sus hijos, y hermana eres tú de tus hermanas, que desecharon a sus maridos y a sus hijos; Vuestra madre fue hetea y vuestro padre amorreo.*
>
> Ezequiel 16.44-45

Una y otra vez Dios expresa el concepto de la herencia espiritual, cuando dice: «Yo soy Jehová tu Dios, fuerte, celoso, *que visito la maldad de los padres sobre los hijos hasta la tercera y cuarta generación* de los que me aborrecen» (Éxodo 20.5).

He realizado un estudio acerca del tema que llamo «Las líneas de iniquidad» y cómo el pecado de los padres produce una iniquidad, una inclinación a la misma clase de pecado en los hijos, y he podido determinar con claridad, que a menos que se haga presente la cruz del Calvario, los hijos heredarán las debilidades espirituales de los padres.

Existe un principio espiritual en la Biblia, al que poca gente pone atención: «*Cada generación está destinada a determinar el futuro integral de la próxima generación*». Cuando uso la palabra integral, me refiero a todo su ser: espíritu, alma y cuerpo (1 Tesalonicenses 5.23). Todo lo que somos y hacemos tendrá una consecuencia o efecto sobre nuestros hijos.

¿Qué pensáis vosotros, los que usáis este refrán sobre la tierra de Israel, que dice: *Los padres comieron las uvas agrias, y los dientes de los hijos tienen la dentera*?» (Ezequiel 18.2).

La herencia constituye «el porqué» (Figura 7.1)

Cuando tratamos el tema de la guerra espiritual en una determinada ciudad o nación, siempre surgen preguntas acerca de las razones que nos llevaron hasta el punto donde nos encontramos. ¿Cómo llegó este espíritu territorial a la calidad de principado o potestad? ¿Por qué se desarrolló una cubierta de tinieblas? ¿Cómo? ¿Por qué la resistencia a la Palabra?

SER HUMANO INTEGRAL	EL PORQUÉ LA HERENCIA
1 Ts 5.23 **ESPÍRITU**	**HERENCIA ESPIRITUAL** • LAS GENERACIONES • LOS PECADOS NACIONALES • LOS ESPÍRITUS FAMILIARES
ALMA	**HERENCIA AMBIENTAL** • LA PERSONALIDAD • LA IDIOSINCRACIA • LA CULTURA
CUERPO	**HERENCIA GENETICA**

FIGURA 7.1

Las respuestas a estas preguntas se obtienen cuando analizamos la herencia que ha recibido esa ciudad o nación. Así como una persona viene a ser la extensión de sus padres, así una generación completa en una ciudad o nación es la extensión de las generaciones que le precedieron.

Es aquí donde debemos mencionar: **Los pecados corporativos o pecados nacionales.**

Estos se refieren a pecados cometidos por la comunidad o por sus representantes. Puede tratarse de un pecado colectivo, una acción u omisión de la cual son responsables todos. O bien, puede tratarse de los pecados de los gobernantes, *pecados que tienen consecuencias para toda la sociedad.*

Cuando hablamos de naciones hablamos de «*etnos*» que quiere decir gentes, etnias, razas, personas. A nosotros nos había parecido siempre que el pecado era un asunto individual, sin embargo no es así. Existe la posibilidad de que los pecados pertenezcan a todo el conglomerado social, en muchas ocasiones cometidos en nombre de la «cultura» o simplemente porque nadie se ha cuestionado si algo que es un hábito nacional es abominable para Dios. Tal es el caso de ferias, carnavales, procesiones y festivales paganos que ciudadanos que son educados y cultos en todo el sentido de la palabra, repiten una y otra vez sin preguntarse siquiera por el origen de tales actividades.

El segundo libro del profeta Samuel nos brinda un ejemplo maravilloso de pecado con consecuencias nacionales.

«Hubo hambre en los días de David por tres años consecutivos. Y David consultó a Jehová, y Jehová le dijo: Es por causa de Saúl, y por aquella casa de sangre, por cuanto mató a los gabaonitas» (2 Samuel 21.1).

El pueblo entero había sufrido por tres años a causa del hambre. El Rey David decidió consultar a Jehová (¡ojalá tuviéramos hoy gobernantes que decidieran consultar a Jehová cuando hay un problema de magnitud nacional!). La causa del problema que azotaba el reino de David, no era imputable a él, ni a la generación de ese entonces. Más bien se trataba de un problema «heredado». La culpa era de Saúl para ese entonces, ya había muerto, pero Israel y David su rey, sufrían las consecuencias. La razón específica fue el derramamiento de la sangre de los gabaonitas.

En el libro de Josué encontramos esta historia, vamos, pues allá para comprender a qué se refiere la Palabra. Cuando los moradores de Gabaón oyeron lo que Josué había hecho a Jericó y a Hai, usaron de astucia, y vistiéndose de trajes viejos, vinieron a Josué haciéndose pasar por embajadores (véase Josué 9.3-5), «y Josué hizo paz con ellos, y celebró alianza (pacto) concediéndoles la vida; y también lo juraron los príncipes de la congregación» (Josué 3.15). Pasados tres días los hijos de Israel se enteraron del engaño, pero no pudieron matarles, «por cuanto los príncipes de la congregación les habían jurado por Jehová el Dios de Israel» (Josué 9.18).

Sin embargo, muchas generaciones después, Saúl, en su celo por los hijos de Israel y de Judá, había roto el pacto que Josué y los príncipes de Israel habían hecho con los gabaonitas. Y ahora, en tiempo de David, quien no tenía nada que ver en el asunto, se estaba cumpliendo la ley de la siembra y la cosecha: Israel estaba recibiendo las consecuencias de un pecado corporativo, un pecado de carácter nacional: «Haber roto el pacto que sus padres habían jurado a los gabaonitas».

En este caso particular el pecado de un gobernante (Saúl), tuvo consecuencias que alcanzaron a todo el pueblo, en una próxima generación. El pecado del gobernante abrió una puerta al diablo para traer hambre sobre todo el pueblo, aún cuando se trataba de otra generación, con otro gobernante.

Es también este el lugar adecuado para mencionar **los espíritus familiares**. Entendiéndose los tales como aquellos que se adhieren a una familia y se trasladan de generación en generación. Existe un acuerdo sobre el hecho de que ciertas puertas son abiertas para el maligno en una familia, y por esas puertas encuentra cabida un espíritu familiar, que va a moldear a la familia hasta que refleje la característica de ese espíritu en particular.

Para los efectos de nuestro tema, podemos proyectar la influencia de esos espíritus, a un conglomerado social, de tal forma que se llega a decir que en una ciudad, la gran mayoría de personas comparte un denominador común en su comportamiento. Por ejemplo, muestran un nivel inusual de determinada característica, como la violencia, o la inmoralidad, o bien son conocidos por ser un pueblo sin temor, o sin respeto a la ley, etcétera.

En mi país hay un consenso popular acerca de que «la gente de oriente es gente violenta». En esa área del país, existe un espíritu territorial de violencia, que se ha venido desplazando de generación en generación sobre las familias, hasta que ya ha moldeado el carácter y la personalidad de sus habitantes, hasta el punto de ser conocidos nacionalmente por esa característica.

Lo que comenzó como un espíritu familiar-generacional, ha venido a convertirse en la potestad territorial debido a que los habitantes han aceptado esta actitud y conducta a pesar de ser contraria a la Ley de Dios.

Concluimos entonces que muchas de las circunstancias que nos toca vivir, a nivel de lo físico, a nivel del alma o aun a nivel espiritual, son el resultado de las acciones y omisiones de nuestros antepasados. Tanto Nehemías como Daniel (en sus respectivos libros), nos instruyen acerca de la necesidad de clamar por el perdón del pecado de nuestros padres (Véase Nehemías 1.4-7 y Daniel 9.3-19).

8

El diagnóstico

Porque lo que de Dios se conoce les es manifiesto, pues Dios se lo manifestó.
Porque las cosas invisibles de él, su eterno poder y deidad, se hacen claramente visibles desde la creación del mundo, siendo entendidas por medio de las cosas hechas, de modo que no tienen excusa.
Romanos 1.19-21

Uno de los principios del llamado «arte de la guerra», es el conocimiento acerca del enemigo. *(Figura 8.1)*

Los pensamientos con el consejo se ordenan; Y con dirección sabia se hace la guerra.
Proverbios 20.18

Eclesiastés 9.13—18 nos presenta una historia cuya conclusión es: «Mejor es la sabiduría que las armas de guerra».

SER HUMANO INTEGRAL	EL DIAGNÓSTICO	CARTOGRAFÍA ESPIRITUAL
1 Ts 5.23 **ESPÍRITU**		FACTOR ESPIRITUAL ROMANOS 1.20
ALMA		FACTOR HISTÓRICO O CULTURAL
CUERPO		FACTOR FÍSICO SALMOS 115

FIGURA 8.1

Si queremos tener éxito en la guerra espiritual debemos estar conscientes de la necesidad que tenemos de conocimiento preciso acerca de las condiciones de la batalla.

El apóstol San Pablo dice: «Así que, yo de esta manera corro, no como a la ventura; *de esta manera peleo, no como quien golpea el aire*» (1 Corintios 9.26).

La cartografía espiritual

Yo defino la cartografía espiritual como una técnica que nos provee el equivalente del espionaje y la inteligencia militar. *La cartografía espiritual es la manera de discernir con precisión los poderes en el reino espiritual, las estructuras en el ámbito cultural y sus efectos en el campo de lo natural.*

Lo que la radiografía es para el médico, la cartografía espiritual es para el intercesor. El mapa espiritual que se obtiene por medio de la cartografía es la imagen que se toma de las regiones celestes.

No quiere decir esto que estemos exclusivamente buscando demonios, sino más bien comprobar qué fuerzas imperan en determinado territorio.

El principio bíblico basado en Romanos 1.18-20 es: «Lo visible nos revela lo invisible. Lo que podemos ver nos explica lo que está oculto a nuestros ojos».

A pesar de la abundante bibliografía existente el día de hoy, aún hay personas que dudan de esta disciplina. Aunque mi trabajo no estriba en convencerles a este respecto, me gustaría llamarles la atención, de que para los que se encuentran del lado de las tinieblas, estos conceptos no constituyen ninguna novedad, ni están los ocultistas perdiendo el tiempo cuestionándose acerca de su validez.

Solamente quisiera compartir con usted tres ideas, que seguramente le llamarán la atención al lector acucioso y le incentivarán para continuar una investigación, que bien podría ser usada por el Espíritu Santo en su ciudad o vecindario.

1- La primera referencia, la tomé del libro «*Lucifer Destronado*» que dice literalmente:

Hay dos áreas mágicas principales en los niveles más altos de la masonería europea. Una es la búsqueda de la supuesta inmortalidad por medio de la alquimia y el yoga tántrico. La otra se relaciona con las ciencias gemelas de la megapolisomancia y la arqueometría. He aquí las definiciones:

Megapolisomancia: (Megápolis = Término griego que quiere decir gran ciudad; Omancia = Magia, como en la necromancia, la Cristolomancia [la magia por medio de la bola de cristal], la quiromancia [la lectura de la palma de las manos, etc.]). Por lo tanto, se refiere a la magia relacionada con la edificación de una ciudad.

Arqueometría: (Que significa «medidas o medición antigua»). Esta es la ciencia mágica de lo que también se llama «la medida proporcional a la tierra». Existe la creencia de que la edificación de templos, tumbas, círculos de piedra, etc., en dimensiones basadas en las dimensiones de la tierra misma es algo excepcionalmente poderoso.

Los masones eran constructores de ciudades y la megapolisomancia es el arte esotérico masónico de construir ciudades, edificios o templos que tuvieran las dimensiones de espacio correctas para atraer mejor a los espíritus demoníacos, y ser mejores depósitos de energía mágica. Se creía que la construcción de ciertos cuartos o ángulos dentro de las recámaras creaba entradas a otros universos.[1]

2- La segunda idea tiene que ver con el Feng-shui, práctica oriental que se refiere a la construcción de edificios

---

1. «*Lucifer Destronado*», un relato de la vida real, de William y Sharon Schnoebelen. Páginas 202 y 203. Chick Publications. ISBN: 0-937958-42-5

siguiendo ciertas normas de alineación, que tiene por objeto reconciliar el mundo de los espíritus con el de los seres humanos, para aprovechar las líneas de energía y de poder que provienen del mundo espiritual. Por supuesto que suena como la nueva era, claro. Eso es precisamente a lo que me refiero, a que debemos estar conscientes de que estas artes ocultas no están muertas. Por el contrario, han resurgido en los últimos tiempos. En el caso particular del Feng-shui solo basta que usted consulte la internet, para ver qué gran cantidad de sitios están dedicados a esta forma de ocultismo.[2]

3- Por último, me gustaría mucho sugerirle que lea el material escrito por mi amigo Víctor Lorenzo, un pastor argentino a quien el Señor guió para descubrir cómo una ciudad completa en su país fue totalmente diseñada y construida por los masones, seguramente siguiendo las artes ocultas mencionadas antes.[3]

He decidido detallar a continuación algunas ideas de las que escribí en 1993 como contribución para el libro «*La destrucción de fortalezas en su ciudad*» editado por el Dr. C. Peter Wagner, porque considero que lo descubierto en ese entonces tiene plena validez el día de hoy.

La interacción de lo espiritual y lo natural

«Lo natural es solo un reflejo de lo espiritual. Y siempre existe una conexión entre ellos. Los que estamos interesados en el evangelismo, estamos constantemente en busca de una mejor tecnología espiritual».

---

2. Si al lector le cuesta encontrar material en español acerca del Feng-shui, quizás debiera buscar como alternativa material acerca de la geomancia.
3. Víctor Lorenzo, «*Cómo Evangelizar una Ciudad dedicada a las tinieblas*». Capítulo 7 del Libro «*La Destrucción de Fortalezas*» de C. Peter Wagner, Editorial Betania. El hermano Víctor Lorenzo puede ser localizado en Osvaldo Cruz 2939, (1293) Capital Federal, Buenos Aires, Argentina. Teléfono 54-11-4303-1268 o Fax: 54-11-4303-4068

Isaías 45.1-3 (citado al inicio de este capítulo), nos ayuda a darnos cuenta que Dios revela nueva información a Su pueblo de modo que podamos desempeñarnos mejor en la batalla y ganar la victoria. Podemos esperar que, si Dios marchó delante de Ciro, «su ungido», es más que probable que hará lo mismo por nosotros. Él nos preparará el camino (v. 2), nos dará los tesoros de las tinieblas y las riquezas ocultas en lugares secretos (v. 3) para subyugar a las naciones.

La población del mundo sigue creciendo y nos vemos confrontados con un tremendo desafío: ¡Tres mil seiscientos millones de personas que todavía no han oído el evangelio! Sin embargo, nuestro Dios es soberano y está revelando nuevas y mejores estrategias para que podamos alcanzar a esos millones en nuestra generación. Estoy convencido de que la cartografía espiritual es una de esas revelaciones. Es uno de los secretos de Dios que nos ayudan a abrir nuestros «detectores de radar» espirituales para mostrarnos la situación del mundo conforme la ve Dios, espiritualmente; y no como nosotros la vemos casi siempre, naturalmente. La cartografía espiritual es la revelación de Dios sobre la situación espiritual del mundo en que vivimos. Es una visión que va más allá de nuestros sentidos naturales y, por medio del Espíritu Santo, nos revela las huestes espirituales de maldad.

La cartografía espiritual nos da una imagen o fotografía espiritual de la situación en las regiones celestes sobre nosotros. La cartografía espiritual es un arma para los intercesores. Es una visión sobrenatural que nos muestra las líneas del enemigo, su ubicación, número, armas y, sobretodo, cómo se puede derrotar a ese enemigo.

La cartografía espiritual juega el mismo importante papel que la inteligencia y el espionaje durante la guerra. Revela las condiciones detrás de las líneas del enemigo. Es una herramienta espiritual, estratégica y sofisticada que es poderosa en Dios para ayudar a derribar las fortalezas del enemigo.

También debemos tomar nota de otra parte de nuestra visión sobrenatural, esto es, los millones de ángeles que Dios ha enviado para ministrar a aquellos que heredarán la salvación (véase Hebreos 1.14). Los ángeles obedecen su llamado. Son los guerreros celestiales que, como ejército disciplinado, reciben sus órdenes directamente del mismo cielo. Vienen a auxiliarnos y ayudarnos a derrotar al enemigo (Daniel 10.13; Salmo 91.11; Apocalipsis 12.7).

El concepto del hombre fuerte

Los Evangelios Sinópticos nos proveen de tres referencias acerca del «hombre fuerte».

1. Mateo 12.29: «Porque ¿cómo puede alguno entrar en la casa del *hombre fuerte*, y saquear sus bienes, si primero no le ata? Y entonces podrá saquear su casa».

2. Marcos 3.27: «Ninguno puede entrar en la casa de un *hombre fuerte* y saquear sus bienes, si antes no le ata, y entonces podrá saquear su casa».

3. Lucas 11.21,22: «Cuando el *hombre fuerte armado* guarda su palacio, en paz está lo que posee. Pero cuando viene otro más fuerte que él y le vence, le quita todas sus armas en que confiaba y reparte el botín».

¿A qué se debe el uso de esta expresión en la Biblia?, ¿Por qué *hombre* fuerte? ¿Por qué no espíritu fuerte, o principado fuerte, o potestad fuerte? ¿Por qué tenía que ser específicamente «hombre»? Es evidente que Dios estaba hablando allí de la interacción entre los seres humanos y el campo espiritual.

Es natural que todo ejército tenga su líder, un capitán o un general que dicta las órdenes y decide lo que hay que hacer. A esta persona se le pudiera llamar el hombre fuerte del ejército. Sabemos que algunas personas han llegado a ser servidores extraordinariamente malvados de Satanás, tales como Nerón o Adolfo Hitler. Estos dos fueron poderosos instrumentos humanos para que el maligno hiciera lo que mejor sabe hacer: robar, matar y destruir. Apropiadamente podemos llamarlos «hombres fuertes mundiales».

Así, el diablo escoge a aquellos que están dispuestos a servirle, y los eleva a una posición de liderazgo en la tierra. Es obvio que un líder puede influir a mucha gente, y, por consiguiente, puede causar gran destrucción. Estos líderes humanos actúan como los hombres fuertes de Satanás, y representan las características de los principados a los cuales sirven. Creo que tales hombres fuertes en la tierra son asignados a principados y potestades para servir a los propósitos de estos y estas. Estas personas cultivan una relación directa e íntima con los demonios, mediante sus actividades ocultistas.

Tenemos el ejemplo de la relación entre el Príncipe de Tiro y el Rey de Tiro, en Ezequiel 28.2 y 12. Daniel nos da otro ejemplo respecto al Príncipe de Persia y los Reyes de Persia (Daniel 10.13), y por supuesto la conocida referencia al Príncipe de Persia y al de Grecia, quienes eran obviamente seres espirituales que ejercían directa relación e influencia sobre los imperios de Persia y Grecia por medio de sus emperadores, sus gobernantes terrenales (véase Daniel 10.20).

Isaías 24.21 dice: «*Acontecerá en aquel día, que Jehová castigará al ejército de los cielos en lo alto, y a los reyes de la tierra sobre la tierra*». Evidentemente el diablo gobierna a través de los reyes de la tierra.¿Cómo? Sin duda alguna mediante la relación íntima que sus ángeles tenebrosos tienen con aquellas personas que escogen entregarse a Satanás.

Es sabido que Adolfo Hitler abiertamente participaba en este proceso invitando a los poderes de las tinieblas a entrar en él para hacerle el hombre fuerte de su tiempo. Es conocido públicamente que algunos de los líderes mundiales contemporáneos pertenecen a la secta de la Nueva Era o a sociedades secretas que tratan de gobernar el mundo.

Sin embargo deseo prevenirle. No necesitamos identificar a un ser humano. Hay ocasiones en que Dios nos permite identificar directamente a la potestad o principado, sin ninguna persona de por medio. Le aconsejo seguir la guía del Espíritu Santo y no pretender que Dios le siga a usted.

El concepto del «hombre fuerte» es un elemento de gran importancia para la guerra espiritual, y por ende para la cartografía espiritual, que lleva como uno de sus fines la identificación de ese hombre fuerte.

¿Cómo puede alguien atarle y vencerle si no le ha identificado antes? Además, la Biblia añade que cuando el hombre fuerte está armado, en paz está lo que posee. Esto me recuerda la posición y la mirada de la serpiente de la visión que le describí en el primer capítulo del presente libro. Se trataba de una entidad que actuaba como si fuera dueña de la situación. No había temor en ella, y se hallaba descansando como si estuviera dormida. (Más tarde aprendí que una serpiente se enrosca cuando ha vencido y ya no teme ningún ataque enemigo.)

También se hace necesario recordar que en algunos casos (Véase 1 Samuel 17.50-51), necesitamos las armas del enemigo para terminar con él.

Instrucciones prácticas para la cartografía espiritual

La cartografía espiritual madura exige un esfuerzo coordinado dirigido a la toma de cada territorio. Nuestro propósito es librar la guerra espiritual para abrir la puerta a la evangelización eficaz y al cambio de la atmósfera espiritual de «nuestro» territorio.

Cómo se lleva a cabo la cartografía espiritual

Tomando en cuenta que al principio le hice ver que considero a la cartografía espiritual como una técnica, lo mejor será pasar de inmediato a describir el proceso que hemos usado constantemente en el pasado para lograr lo que mi amigo George Otis Jr., llama «la intercesión bien informada».[4] Tal y como lo hemos venido haciendo en la presente sección, enfocaremos nuestro tema desde las tres perspectivas: Espíritu, Alma y Cuerpo.

El plan

A. Visión:
La evangelización de la nación o ciudad.

B. Objetivos específicos:
1. Realizar cartografía espiritual que nos permita saber, hasta donde nos sea posible la situación, los planes y estrategias del enemigo, a fin de entrar en la batalla con inteligencia, y, como resultado, obtener la victoria en el mínimo tiempo y con el mínimo de riesgo y de bajas.
2. Usar la información recabada para intervenir en la guerra espiritual con el propósito de derrotar a los «poderes» del enemigo a fin de establecer el señorío de Jesucristo en ese territorio.
3. Si todo se hace bien, resultará una victoria espiritual que afectará a la nación mediante el avivamiento, la reforma y, consiguientemente, la restauración.

C. Procedimiento:
1. Comenzamos por orar y ayunar para determinar el territorio sobre el cual vamos a trabajar. Es importante que dicho territorio tenga un tamaño adecuado respecto al número de personas con que trabajamos. Debemos evitar el riesgo de ser demasiado ambiciosos y tratar de abarcar un territorio demasiado extenso, porque de ser así, trabajaríamos con demasiados elementos, y habría muchas variables

---

4. Le recomiendo leer el nuevo libro de George Otis Jr., llamado en inglés: «*Informed Intercession. Transforming your Community through Spiritual Mapping and Strategic Prayer*». Renew/Gospel Light Books, 1999.

en nuestra ecuación, con el consiguiente peligro de sufrir mucho desgaste y una eventual confusión.

2. Una vez determinado el territorio que vamos a trabajar, el siguiente paso consiste en el reclutamiento de nuestro personal. Hermanos y hermanas de buen testimonio, llenos del Espíritu Santo, de sabiduría y de fe (Hechos 6.3). Se hace indispensable aquí advertir a los pastores, a los líderes de intercesión y a toda persona que desea participar en esta actividad, acerca de la necesidad de mantener una vida de santidad delante de Dios. Lamentablemente debido a la ignorancia en este aspecto, he visto situaciones lamentables, que hubiesen podido ser prevenidas con sólo enfatizar la verdad de que la guerra espiritual no es un juego.

3. Una vez reunido nuestro equipo de trabajo, iniciamos un programa periódico de ayuno y oración.

4. A partir de este momento estamos listos para dividir a nuestro equipo en tres grupos. La división se hace bajo el criterio de nuestras necesidades y los dones específicos de cada miembro del grupo. Tenemos tres clases de grupos:

- Los integrantes del factor espiritual. Estos son aquellos que tienen especial interés en la oración, intercesores maduros que saben escuchar la voz del Espíritu Santo.
- Gente espiritual. Son aquellos que reconocen el valor de lo sobrenatural y prestan atención a la guía del Espíritu, aun cuando venga a través de profecía, sueños o visiones.
- Los integrantes del grupo del factor histórico o cultural. Está conformado por aquellos que tienen habilidad e inclinación por la investigación. A algunas personas les hace gracia pensar en estos hermanos como «ratones de biblioteca».
- Grupo relativo al factor físico. En este último grupo participan especialmente aquellos que tienen una curiosidad e intuición innata, acompañada de mucha energía. Van a ser los que literalmente recorran el territorio, levantando inventarios, observando los vecindarios, y

haciendo muchas veces el levantado del mapa. Una vez tenemos integrados los grupos, prohibimos la comunicación entre ellos, para evitar sesgos en la información. Este último punto ha probado ser de enorme utilidad para nosotros, pues cuando recibimos los reportes de cada grupo, la «coincidencia» en la información que cada uno ha obtenido desde su particular perspectiva cumple la función de una gran confirmación añadiendo credibilidad y certeza a nuestro trabajo.

A los tres grupos de trabajo se les asigna que investiguen los factores históricos, físicos y espirituales del territorio, respectivamente.

Factores históricos

Para realizar la investigación histórica debemos formular las siguientes preguntas en cada ciudad o vecindario:

A. El Nombre o nombres:

Debemos preparar una lista o inventario de los nombres usados en nuestro territorio y luego plantearnos las siguientes preguntas:
- ¿Tiene el nombre algún significado?
- Si el nombre etimológico no tiene significado, ¿tiene alguna implicación cultural, física o de alguna otra naturaleza?
- ¿Es una bendición o una maldición?
- ¿Es un hombre nativo, indígena o extranjero?
- ¿Dice algo respecto a los primeros habitantes de la región?
- ¿Describe alguna de las características de las personas que viven allí?
- ¿Hay alguna relación entre el nombre y la actitud de sus habitantes?
- 8. ¿Tienen estos nombres una relación directa con nombres de demonios o de ocultismo?

- ¿Está el nombre vinculado con alguna religión, creencia o secta local del lugar?

B. Naturaleza del territorio
- ¿Tiene este territorio características especiales que lo distinguen de los demás?
- ¿Es la población receptiva a las verdades del evangelio o, por el contrario, ofrece resistencia?
- ¿Hay muchas o pocas iglesias?
- ¿Dan fruto abundante las actividades evangelísticas?
- ¿Es uniforme la condición socioeconómica del territorio?
- Prepare una lista de los problemas sociales más comunes del vecindario, tales como drogadicción, alcoholismo, familias abandonadas, contaminación del medio ambiente, codicia, desempleo, explotación del pobre, etc.
- ¿Hay algún aspecto específico que atrae nuestra atención? Por ejemplo, ¿podríamos definir este territorio o sus habitantes con una sola palabra? ¿Cuál sería esta palabra?

C. Historia del territorio
Para este trabajo nos valemos de entrevistas, investigamos en el municipio o cabildo, en las bibliotecas, etc. Una cuestión extremadamente importante aquí es saber cuáles eventos o sucesos dan un indicio del nacimiento de este vecindario o territorio y bajo qué circunstancias tuvo lugar.
- ¿Cuándo se originó?
- ¿Quién o quiénes fueron sus fundadores?
- ¿Cuál fue el propósito original de su fundación?
- ¿Qué podemos aprender respecto al fundador?
- ¿Cuál fue la religión del fundador, sus creencias, sus hábitos? ¿Era o eran adoradores de ídolos?
- ¿Han ocurrido hechos frecuentemente, tales como homicidios, violencia, tragedias o accidentes? En

algunas partes existen sitios que son conocidos por lo que ha sucedido en ese lugar, como por ejemplo: la «esquina de la muerte».
- ¿Hay algún factor que sugiera la presencia de una maldición o de un espíritu territorial?
- ¿Hay historias espeluznantes? ¿Son reales? ¿Qué las causó?
- ¿Cuándo o dónde comienza la historia del cristianismo en ese lugar?
- ¿Cómo empezó? ¿Fue el fruto de algún factor específico?
- La lista de preguntas de ninguna manera pretende ser exhaustiva, sino apenas el principio. No debemos olvidar que el Espíritu Santo será nuestro principal ayudante en todo esto.

Factores físicos

Los factores físicos se refieren a objetos materiales significativos que pudiéramos hallar en nuestro territorio. Parece que el diablo, debido a su orgullo ilimitado, frecuentemente deja un rastro detrás. De modo que es necesario:

Hacer un estudio intensivo de todos los mapas disponibles para esta región, incluyendo los más antiguos y los más recientes, a modo de identificar los cambios. ¿Tienen algún orden en particular las calles? ¿Sugieren alguna clase de dibujo o patrón?
- Haga un inventario de los parques.
- Haga un inventario de los monumentos.
- ¿Hay sitios arqueológicos en nuestro territorio?
- Haga un inventario de las estatuas y estudie sus características.
- ¿Qué tipo de instituciones sobresalen en nuestro territorio? ¿Instituciones de poder, sociales, religiosas u otras?

- ¿Cuántas iglesias tenemos en nuestro territorio?
- Haga un inventario de los lugares donde se adora a Dios, y los lugares donde se adora al diablo.
- Una pregunta extremadamente importante es: ¿Hay «lugares altos» en nuestro territorio?
- ¿Hay excesivo número de cantinas, o centros de brujería, o clínicas de abortos, o tiendas de pornografía?
- Un estudio exhaustivo de la demografía sería de mucho provecho.
- Estudie las condiciones socioeconómicas del vecindario, crímenes, violencia, injusticia, orgullo, bendiciones y maldiciones.
- ¿Hay centros de ocultismo en la comunidad? ¿Tiene su ubicación alguna distribución específica?

En Guatemala tenemos una carretera de 50 kilómetros de largo que va a la ciudad de Antigua, y a lo largo de ella tenemos toda clase de sectas floreciendo en línea recta, incluyendo el culto Bahai, los Testigos de Jehová, el Islam, la Nueva Era, los brujos y curanderos, y así por el estilo. Una carretera como ésta sin lugar a dudas constituye una línea de poder del ocultismo, un corredor por el cual se mueven los demonios y los poderes demoníacos. Estas líneas de poder oculto provienen de la contaminación traída a la tierra por el diablo mediante maldiciones e invocaciones de los espíritus territoriales que ahora estamos descubriendo. Es provechoso localizarlos para revertir la maldición y convertirlas en bendiciones.

Factores espirituales

Los factores espirituales pueden ser los más importantes de todo, porque revelan la causa real detrás de los síntomas expuestos a través de la investigación histórica y física.

Los llamados a trabajar en el área espiritual son los intercesores, personas que fluyen en el don del discernimiento de espíritus y oyen con precisión a Dios. El grupo de intercesores deben dedicarse a la oración intensa con el propósito de conocer la mente de Cristo y recibir de Dios la descripción del estatus espiritual del enemigo en las regiones celestes sobre el territorio definido.

También tenemos algunas preguntas que los intercesores necesitan plantearse y que nos ayudarán a guiar nuestras oraciones, pero no pueden sustituir el tiempo valioso que se pasa con Dios a favor del lugar por el cual estamos orando.

- ¿Están los cielos abiertos en este lugar?
- ¿Es fácil orar en este lugar? o ¿Hay acaso mucha opresión?
- ¿Podemos discernir una cubierta de tinieblas?
- ¿Podemos definir su dimensión territorial?
- ¿Hay diferencias expresas en la atmósfera espiritual sobre las regiones de nuestro territorio? En otras palabras, ¿están los lugares celestiales más abiertos o más cerrados sobre diferentes vecindarios, repartos o comunidades del área? ¿Podemos determinar con exactitud estas separaciones?
- ¿Nos ha revelado Dios algún nombre?
- ¿Revela la información que tenemos alguna potestad, poder o principado que podamos reconocer?
- ¿Nos ha revelado Dios al hombre fuerte?

Podemos desanimarnos al ver todas estas preguntas por escrito, pero si confiamos en la obra del Espíritu Santo y en el deseo de Dios de revelar sus secretos a sus hijos cobraremos confianza. Todo lo que necesitamos es un equipo de trabajo que sienta un verdadero peso por la evangelización en un territorio específico, y el resto es la dirección y guía del Espíritu Santo.

Cuando hemos completado la investigación de los tres factores y cada grupo rinde su informe, tenemos como resultado el mapa espiritual de las regiones celestes sobre nuestro territorio. Ahora estamos listos para la guerra espiritual. Debemos recordar que nuestra batalla no es contra carne y sangre, sino contra los poderes demoníacos que rigen sobre las personas. También debemos recordar que somos llamados a bendecir a las personas involucradas, no a maldecirlas. Finalmente, ¡recuerde que Cristo Jesús ya ha ganado por nosotros la victoria!

Conclusión

En lo que respecta a nuestra iglesia la territorialidad de espíritus es un hecho. Hemos estudiado el tema en las Escrituras y lo hemos comprobado en el campo de la experiencia.

Comprendemos que el ejército maligno de las regiones celestes exige adoración y servicio de parte de sus seguidores y les otorga poderes malignos en proporción a su obediencia. Cuando un territorio ha estado habitado por personas que han escogido ofrecer adoración a los demonios, la tierra ha quedado contaminada y estos espíritus territoriales han obtenido un derecho para permanecer allí, manteniendo cautivos a sus habitantes. Es necesario identificar al enemigo y entrar en la batalla espiritual hasta obtener la victoria y redimir el territorio. La cartografía espiritual es un medio para identificar al enemigo. Es nuestro espionaje espiritual.

La Cartografía Espiritual no es un fin en sí misma. Se trata solamente de una técnica para proveernos de conocimiento para desarrollar la guerra espiritual efectivamente.

¡No tenemos tiempo para perder! Hoy es el tiempo para que el Cuerpo de Cristo se levante en el poder del Espíritu Santo y lance un reto a los poderes del infierno, destruyendo toda artimaña y recuperando la tierra que el Señor Dios nos ha dado por herencia (Génesis 48.4).

9

La tarea de la Iglesia

Jehová Dios nuestro, otros señores fuera de ti se han enseñoreado de nosotros; pero en ti solamente nos acordaremos de tu nombre.

Isaías 26.13

La guerra espiritual *(Figura 9.1)*

En los capítulos anteriores hicimos una descripción de nuestros enemigos, y por qué han llegado a constituirse como tales. Incluso hemos estudiado cómo descubrirles. Ahora nos toca tratar el tema relativo a la tarea de la Iglesia.

Efesios 6.18 nos invita a «orar con toda oración...», indicándonos que hay diferentes clases de oración. Vamos a aplicar varias de ellas mientras libramos la batalla espiritual.

La experiencia me ha llevado a elaborar el concepto que llamo: «la batalla integral». Es decir, que libramos la batalla espiritual en los tres campos al mismo tiempo. Espíritu, alma y cuerpo. Trataré en detalle lo que considero la llave de la victoria espiritual en la iglesia local en la conclusión de este capítulo.

SER HUMANO INTEGRAL		LA TAREA DE LA IGLESIA LA GUERRA ESPIRITUAL
1 Ts 5.23 **ESPÍRITU**	E L T R A T A M I E N T O	• La oración de guerra Efesios 3.1 Salmos 103.19-20 • Atar y desatar Mateo 18.18 • La Intercesión • La Intercesion Profética • Los Actos Proféticos • La Ministración Espiritual Isaías 58.6
ALMA		• La predicación del Evangelio Marcos 1.15 • La destrucción de las "estructuras" Jeremías 1.10, Colosenses 2.20, Gálatas 4.1-9 • La Esperanza Lucas 4.16-18
CUERPO		• Actos Proféticos • El Ministerio Isaías 58.7 • La organización de la Iglesia para el Evangelismo Efesios 4.11-13

FIGURA 9

Plano del Espíritu

La oración de guerra

Se desarrolla de acuerdo a Efesios 3.10 que dice: «que la multiforme sabiduría de Dios sea ahora dada a conocer por medio de la Iglesia a los principados y potestades en los lugares celestiales». ¿Dónde está la multiforme sabiduría de Dios? En la Palabra de Dios. El poder reside en orar la Palabra de Dios sobre las circunstancias. Es la Palabra de Dios la que va a ejercer dominio sobre el enemigo y sobre las circunstancias, provocando un cambio, una transformación. Recordemos el principio bíblico:

«No mirando nosotros las cosas que se ven, sino las que no se ven; *pues las cosas que se ven son temporales, pero las que no se ven son eternas*» (2 Corintios 4.18).

Las cosas que no se ven son las espirituales, las que son eternas. Aunque sean invisibles, son más reales que las que podemos ver (lo que se ve fue hecho de lo que no se veía). Mientras que las cosas visibles, las físicas son llamadas por la Palabra «temporales», que significa: Sujetas a cambio.

«*Por la fe entendemos haber sido constituido el universo por la palabra de Dios, de modo que lo que se ve fue hecho de lo que no se veía*» (Hebreos 11.3).

Una vez la Iglesia se entrega a la tarea de pronunciar la multiforme sabiduría de Dios, es decir, la Palabra de Dios sobre una ciudad, como hizo cada uno de los profetas, incluyendo a nuestro Señor Jesucristo (véase Mateo 23.37-39 y Lucas 13.34-35), se pone en marcha el proceso que describimos bajo el subtítulo «La responsabilidad de la Iglesia» en el capítulo 2.

El deseo comienza en el corazón de Dios. Luego que el hombre recibe la visión de Dios por el Espíritu Santo, y se encarga de pronunciar la Palabra, los ángeles entran en acción y el enemigo no tiene otra alternativa que huir.

Cuando oramos la Palabra de Dios, estamos involucrando a los ángeles en nuestra batalla. Ellos «ejecutan su Palabra, obedeciendo a la voz de su precepto» (Salmo 103.20).

Encuentro un ejemplo maravilloso en la batalla de David contra Goliat. Si bien había una gran diferencia física entre el gigante y el joven pastor de ovejas, Goliat no se confió de lo físico, sino que recurrió a armas espirituales. La última parte de 1 Samuel 17.43 dice: «Y maldijo a David por sus dioses». David por su parte realiza un golpe maestro, cuando involucra a Dios y a sus ángeles:

«*Fuese león, fuese oso, tu siervo lo mataba; y este filisteo incircunciso será como uno de ellos, porque ha provocado al ejército del Dios viviente*» (1 Samuel 17.36).

«Entonces dijo David al filisteo: Tú vienes a mí con espada y lanza y jabalina; mas *yo vengo a ti en el nombre de Jehová de los ejércitos, el Dios de los escuadrones de Israel, a quien tú has provocado.* Jehová te entregará hoy en mi mano, y yo te venceré, y te cortaré la cabeza, y daré hoy los cuerpos de los filisteos a las aves del cielo y a las bestias de la tierra; y toda la tierra sabrá que hay Dios en Israel. Y sabrá toda esta congregación que Jehová no salva con espada y con lanza; porque *de Jehová es la batalla, y Él os entregará en nuestras manos*» (17.45-47).

Y, el resultado confirma el valor de conocer que hay dos campamentos sobre la tierra: El ejército de Dios sobre la tierra y su ejército en los cielos (véase Génesis 2.1 y Génesis 32.2).

Así venció David al filisteo con honda y piedra; e hirió al filisteo y lo mató, sin tener David espada en su mano.
1 Samuel 17.50

Muchas personas sienten la necesidad de incluir en esta parte la oración en lenguas. A mí me parece que es algo muy correcto, puesto que se dá lo que dice el apóstol San Pablo: «Y de igual manera el Espíritu nos ayuda en nuestra debilidad; pues qué hemos de pedir como conviene, no lo sabemos, pero el Espíritu mismo intercede por nosotros con gemidos indecibles» (Romanos 8.26).

Hemos aprendido que la manera de mantener una actitud militante de oración responde a la creatividad que los líderes posean. Es un hecho que cuando pasa el tiempo, algo que mostró ser una estrategia de oración muy efectiva, y que había despertado un gran interés, suele decaer en entusiasmo y el número de personas que asisten a los servicios de oración disminuye. ¿Cómo podemos mantener el entusiasmo y el interés? Es una pregunta común entre los pastores. El Dr. David Yonggi Cho me aconsejó: «Es necesario innovar constantemente. Debemos desarrollar estrategias nuevas y diferentes de oración cada cierto tiempo. Por ejemplo, de la oración del "Padre nuestro" pasamos a la del "Tabernáculo", y así sucesivamente».

Una de las clases de oración que ha probado ser más efectiva para nosotros es lo que llamamos «Las 7 horas de Poder», que consiste en tener a un grupo de hermanos y hermanas desde las cinco de la tarde hasta la media noche (sin salir), en la que no se hace más que orar en lenguas, unidos por un motivo particular (usualmente nuestra nación). Es prohibido platicar, leer o el ejercicio de cualquier actividad. De hecho cerramos las puertas con llave a las cinco en punto de la tarde y se abren de nuevo hasta pasadas las doce de la noche. Es extraordinario lo que Dios ha hecho a través de esos períodos concentrados de oración. Si el grupo es de cien personas, se trata de la extraordinaria cifra de ¡700 horas de oración!

Atar y desatar

Esta clase de oración es muy popular entre los creyentes. Algunas veces es todo lo que se hace, y debido a ello, en ciertos círculos se nos tacha de exagerados. Yo creo que es una actividad absolutamente válida, si bien no se trata de la única. Por supuesto, tiene su fundamento en la enseñanza de Jesucristo en el Evangelio según San Mateo:

> *Y a ti te daré las llaves del reino de los cielos;* y todo lo que atares en la tierra será atado en los cielos; y todo

lo que desatares en la tierra será desatado en los cielos.

Mateo 16.19.

De cierto os digo que todo lo que atéis en la tierra, será atado en el cielo; y todo lo que desatéis en la tierra, será desatado en el cielo.

Mateo 18.18

Mucho se ha dicho acerca de las palabras atar y desatar. En mi continua búsqueda de lo sencillo y fácil de enseñar, no he encontrado nada mejor que la interpretación que nos da Kenneth S. Wuest, cuando nos dice, en su traducción que atar significa sencillamente prohibir, y desatar significa permitir.[1]

Dado que en realidad se trata de términos legales, con libertad podemos añadir el verbo declarar. Entonces, tomando en cuenta lo anterior, el versículo quedaría de la manera siguiente: «Todo lo que declares prohibido en la tierra, será prohibido en el cielo, y todo lo que declares permitido en la tierra, será permitido en el cielo».

En esto consisten precisamente las llaves del reino: en la habilidad otorgada por Dios a la Iglesia (a los creyentes) para permitir o prohibir legalmente una acción de índole espiritual sobre la tierra.

Aquí descansa el principio de la autoridad espiritual. Somos «embajadores» (representantes) de Cristo (2 Corintios 5.20).

Quisiera elaborar sobre otra mención que hace la Biblia, de la palabra atar: «Porque *¿cómo puede alguno entrar en la casa del hombre fuerte, y saquear sus bienes, si primero no le ata? Y entonces podrá saquear su casa*» (Mateo 12.29).

Compartimos antes brevemente acerca del concepto del hombre fuerte. Una vez más volvemos a esta idea, para notar que la Biblia habla de la necesidad de *atar al hombre fuerte* para

---

1. «*Wuest's Word Studies*», de Kenneth S. Wuest, Wm. B. Eerdmans Publishing Company, Volumen 4, p. 47.

poder saquear su casa. Le ruego note que no se trata de atar al hombre fuerte sólo por atarle, sino que existe un propósito: Saquear su casa. Su territorio es saqueado cuando libertamos las almas de los perdidos a través del poder del Evangelio (véase 2 Corintios 4.4 y Romanos 1.16).

«Cuando el hombre fuerte armado guarda su palacio, en paz está lo que posee. *Pero cuando viene otro más fuerte que él y le vence, le quita todas sus armas en que confiaba, y reparte el botín*» (Lucas 11.21-22). Por supuesto usted y yo sabemos a quién se refiere la Palabra cuando habla de uno que es «más fuerte»: Jesucristo.

Notemos que mientras Mateo usa la palabra atar, Lucas habla de vencer. Es interesante que los evangelistas coloquen estos dos conceptos como semejantes. No dije sinónimos, sino semejantes. Y es que al atar al hombre fuerte se le vence. Porque atar es el término legal que declara prohibida su actividad, lo cual solamente viene a confirmar lo que ya Cristo hizo en el Calvario:

> *y despojando a los principados y a las potestades, los exhibió públicamente, triunfando sobre ellos en la cruz.*
> Colosenses 2.15

De forma que cuando se le ata, este queda vencido (rendido, sin poder, anulado) y de esta forma podemos proceder a saquear su casa y a repartir el botín.

Permítame contarle una anécdota. En una ocasión viajé con mi esposa a Buenos Aires, Argentina, para participar en una conferencia. La noche que llegamos, nos reunimos con un amigo llamado David Thompson. Platicando, le pregunté por Carlos Annacondia, «a quien me gustaría saludar» le dije, a lo que David respondió: «Eso va a ser muy fácil porque Carlos está teniendo una cruzada acá cerca». Nos desplazamos al lugar, y nos reunimos con Carlos y sostuvimos una maravillosa conversación. Ese día Dios le usó grandemente para abrir mi mente al concepto de la conquista. «No estoy de acuerdo con tanta conferencia de guerra espiritual,» me dijo Carlos, «porque sólo hablan y hablan de atar al enemigo, pero no van hasta la conquista». Como alguien que sabe que está a punto de recibir dirección de Dios, fijé mi atención en Carlos, mientras le invitaba a continuar explicándose. «¿Qué quieres decir con la conquista?», le pregunté. El respondió, «Cuando se ata al hombre fuerte, el siguiente paso es la conquista. Cuando hacemos una cruzada en alguna ciudad, llega un momento en que la ciudad ha sido conmovida, y el reino del diablo ha sido atado. Entonces es el momento para la conquista».

Se refería al evangelismo, la salvación de las almas, recoger la cosecha. Todos estos conceptos son sinónimos. A eso se refiere Mateo 12.29.

Permítame recapitular. Hemos mencionado cuatro conceptos diferentes:

1. Discernir la identidad del hombre fuerte es tarea de la Cartografía Espiritual.

2. Una vez identificado, entramos en el conflicto, el choque de poderes, en el cual se le ata y vence en el nombre de Jesús. Es importante saber que no se trata de una competencia para ver quién gana. Cristo ya venció al enemigo y a sus demonios, y ya nos dio autoridad sobre toda fuerza del enemigo (Lucas 10.19).

3. Una vez atado/vencido el hombre fuerte, se hace necesario organizarnos para saquear su casa y repartir el botín. Debemos desarrollar una mentalidad de evangelismo agresivo y discipulado para recoger y mantener la cosecha. Y, por último,

4. No se olvide de quitarle «todas sus armas en que confiaba». Aquí es donde entran los conceptos como: *hypsõma*, *logizomai* y *stoicheia*, estructuras,

fortalezas, ideologías, cultura y demás, que deben desaparecer cuando somos transformados por medio de la renovación de nuestro entendimiento por la Palabra de Dios (Romanos 12.2, Gálatas 4.3; 4.8-9, Colosenses 2.8).

La intercesión

Este es el trabajo del que ora, clama y libra la batalla sobre sus rodillas. Se llama así porque no estamos orando por nosotros mismos, sino que oramos por algo o alguien más. Diríamos que se trata de una oración que carece de egoísmo. No oramos por nosotros mismos, sino que nos disponemos para ser usados por el Espíritu Santo para orar según Su voluntad (Romanos 8.26). Me gusta especialmente la expresión: «Hacernos disponibles para que el Espíritu Santo use nuestra oración, nuestros labios y todo nuestro ser para su servicio». Por definición, intercesión significa orar por alguien o por algo más. Cuando me refiero a alguien más, por supuesto me refiero al hecho de orar por otra u otras personas. Cuando hablo de algo más, me refiero a orar por una cosa particular. Por ejemplo, son muchos los que oran por su iglesia, o por una circunstancia particular en la sociedad donde viven, o bien oran por los efectos de alguna tragedia, como un huracán o un terremoto. Por supuesto, en última instancia estaremos orando por personas, pero dado nuestro tema, es bueno marcar la diferencia, puesto que es muy común encontrar creyentes llamados por Dios para interceder por una ciudad o una nación. Ponernos en la brecha a favor de la tierra y de sus habitantes es el trabajo de la Iglesia.

Y busqué entre ellos hombre que hiciese vallado y que se pusiese en la brecha delante de mí, a favor de la tierra, para que yo no la destruyese; y no lo hallé.

Ezequiel 22.30

Me impresiona el hecho de que solo hay dos cosas que Dios está buscando: Adoradores que le adoren en espíritu y en verdad (véase Juan 4.23) e intercesores. Pero más me impresiona que no los halle.

> *Y vio que no había hombre, y se maravilló que no hubiera quien se interpusiese; y lo salvó su brazo, y le afirmó su misma justicia.*
>
> Isaías 59.16

Y, por supuesto, no podemos olvidar el pasaje clásico del llamado y la recompensa para la oración a favor de ciudades y naciones: «*Si se humillare mi pueblo, sobre el cual mi nombre es invocado, y oraren, y buscaren mi rostro, y se convirtieren de sus malos caminos; entonces yo oiré desde los cielos, y perdonaré sus pecados, y sanaré su tierra. Ahora estarán abiertos mis ojos y atentos mis oídos a la oración en este lugar, porque ahora he elegido y santificado esta casa, para que esté en ella mi nombre para siempre; y mis ojos y mi corazón estarán allí para siempre*» (2 Crónicas 7.14-16).

Si Dios nos llama a orar e interceder, es solamente por su deseo de tener comunión con nosotros y su intención de bendecirnos.

«Porque los ojos de Jehová contemplan toda la tierra, *para mostrar su poder a favor de los que tienen corazón perfecto para con Él*» (2 Crónicas 16.9).

Como usted recordará en el capítulo 5 hicimos ver que el lenguaje natural del reino de Dios es la intercesión. Recordará también que es la tarea que Jesús continúa realizando aún hoy por nosotros (Romanos 8.34).

Recomendaciones prácticas

Quisiera aportar algunas recomendaciones, basadas en mi experiencia en este tema como Pastor de una iglesia que ora.

- En varias ocasiones se han acercado a mí pastores y me han expresado la idea de que para ellos «los intercesores» se han convertido en un problema porque quieren ejercer demasiada influencia sobre el pastor, o porque «quieren manejar la iglesia». Lamentablemente, esta situación puede darse, y de hecho se dá (quizá demasiadas veces), pero he notado que la razón es la ausencia del pastor durante las reuniones de oración. Sé que algunos piensan que la intercesión es un don que solo algunos poseen. Déjeme decirle que estoy en completo desacuerdo con esta idea. La intercesión es una actividad normal para los creyentes, algo tan natural como hablar o respirar. Es, repito, el lenguaje del reino al que pertenecemos. Algunos pastores no quieren involucrarse en esta tarea, y la delegan a algunas «hermanas» que tienen el don de interceder. Como si se tratara de algo que no es masculino. Este más bien es un producto de la cultura machista, resultado del imperio de la reina del cielo en algunos países. Todos, óigame bien, todos tenemos el llamado a ser intercesores. Si el pastor o líder quiere evitar problemas en la intercesión, debe ser parte esencial de la misma. Su sola presencia va a traer un balance al grupo.
- Por otro lado, he encontrado que muchas personas desean ser intercesores y simplemente no saben cómo. La escuela de la oración es una parte fundamental de toda iglesia cristiana, y todo pastor debe dedicar un buen tiempo a la enseñanza y la práctica de tan necesario ministerio. Hoy existen muchas manera de aprender, y no existe excusa para carecer de un ministerio de oración.
- Deseo añadir que para asegurar el éxito de un grupo de intercesión en la Iglesia, se necesita el involucramiento directo del pastor y el establecimiento de líneas claras y abiertas de comunicación entre el lide-

razgo y los intercesores. Si ellos sienten que están haciendo un esfuerzo que no es apreciado, que nadie les escucha o pone atención, se estará asegurando el fracaso. En mi caso, los miembros de nuestro grupo de intercesión saben que estoy disponible para ellos todo el tiempo, y que si no pueden comunicarme algo durante la reunión semanal de oración (mientras escribo, tenemos tres reuniones semanales), pueden llamarme a la oficina o a la casa a cualquier hora y hacerme llegar aquello que han recibido del Señor.

- Hemos tenido nuestro grupo de intercesión desde antes que existiera nuestra iglesia. De hecho, nosotros creemos que la concepción de la iglesia se llevó a cabo en el cuarto de intercesión. Son muchos años ya en que nos hemos reunido semanalmente para orar y buscar al Señor. Hay una convicción en nosotros de que todo lo que se ha conseguido en el ministerio y mucho de lo que ha pasado en nuestra nación, ha sido un resultado directo de ese grupo de oración. No imagino un escenario eclesiástico sin intercesión.
- Debo añadir que un factor de gran importancia es la apertura al Espíritu Santo y sus manifestaciones. He comprobado que la cuidadosa atención que ponemos a lo sobrenatural, a las visiones, sueños y palabras de profecía, redundan en una mayor confianza de los intercesores y, por tanto, nuestra oración alcanza una dimensión cada vez más alta.

Para muestra le compartiré uno de muchos testimonios. Me encontraba en una ocasión predicando en Malasia, y desde el mismo momento de mi llegada a esa preciosa nación, comencé a experimentar una gran opresión espiritual. Como lo he hecho muchas otras veces, de inmediato me apoyé en nuestro grupo de intercesión. Llamé a Cecilia, mi esposa, y le presenté un S.O.S., «Necesito ayuda, llama por favor a los intercesores». Cecilia (quien es parte de este grupo) les transmitió mi petición y de inmediato se acentuó la oración y el ayuno. Unas 24 horas después estaba yo recibiendo un fax que detallaba una visión que el Señor había dado a una de nuestras intercesoras. Dios Todopoderoso le había mostrado que en esa nación donde yo estaba, había una ciudad llamada Malaca, a donde habían llegado unos conquistadores, quienes habían pronunciado una maldición que yo debía romper. En la visión, la hermana había visto un galeón español, un monte que tenía una fortaleza en la cima, y una estatua. Debo confesar que en esta ocasión me sentí sorprendido y hasta un poco confundido. Había un elemento que no me parecía posible. Yo me encontraba en el reino de Malasia. Jamás había yo escuchado que Malasia fuera «conquistada», y todavía menos sentido me hacían el galeón español y los conquistadores. Después de orar por el asunto, me preparé para el próximo servicio donde predicaría, y antes de salir tuve una conversación con una hermana. Le pregunté: «¿Ha escuchado usted el nombre Malaca?» «Claro», me contestó, «es una ciudad al sur del país». Esto provocó en mí una gran esperanza, así que continué: «¿Sabe usted algo de unos conquistadores en esta región?» «Claro», volvió a repetir, «los conquistadores portugueses». Usted se podrá imaginar la emoción que yo sentí. Sin embargo, tuve que retirarme para ir a la iglesia.

Cuando llegué al servicio, que se trataba de una conferencia para alrededor de 1200 pastores, me senté en la primera fila y saludé al pastor que estaba a mi lado. «Perdone», le dije, «¿puedo preguntarle algo?» Y enseguida le mencioné el nombre de Malaca. El me respondió: «Sí pastor, yo mismo soy de Malaca, la ciudad donde hay un monte alto, donde se encuentra una fortaleza y la estatua de un misionero católico que vino a predicar el evangelio, y que, cuando vio la dureza del corazón de los habitantes, sacudió el polvo de sus pies y maldijo la región». Y de inmediato, me entregó unos documentos que había preparado para mí, conteniendo un mapa detallado de la ciudad, el monte y la fortaleza. ¡Imagínese mi sorpresa!

Prediqué ese sábado por la tarde y tres veces el domingo siguiente. El lunes por la mañana debía yo abandonar Malasia para ir a Singapur. Algo más sucedió ese día. Mientras el avión despegaba del aeropuerto de la ciudad de Kuala Lumpur, pude literalmente sentir como la opresión espiritual comenzaba a desaparecer. Entendí perfectamente que no podría abandonar la región sin enfrentar a la causa de esa opresión.

Ese mismo día lunes por la noche dio inicio nuestra conferencia (de tres días) en Singapur. Esa misma noche, recluté apoyo de oración y ayuno y unos intercesores maduros para que me acompañaran al día siguiente a Malaca. Temprano, el martes, nos dirigimos (por automóvil) a lo que resultó ser un viaje muy impresionante. Al entrar a Malaca, lo primero que noté fue la similitud con mi propia ciudad, en lo que a centros de poder se refiere. Incluso los nombres de los principados (como el de Santiago) coincidían. Cuando estacionamos el automóvil en un parqueo público para caminar a la fortaleza, había enfrente de nosotros un monumento, un «galeón portugués», que como usted se imaginará, lucía igual que uno español. Subimos al monte y oramos como la visión había mostrado que debía hacerlo. Debo añadir que sentí que lo que hicimos tendría efectos sobrenaturales, tanto para Malasia como para Guatemala. En el futuro escribiré acerca del significado tan grande de esta oración, la que nos condujo a descubrir a Santiago, uno de los principados más importantes en todos aquellos territorios que fueron conquistados por la corona española. De hecho, le hemos identificado como «el conquistador», que iba delante de la reina del cielo para asegurar su ingreso a los nuevos territorios.

- He visto muchas maneras diferentes de interceder, y todas me parecen adecuadas porque responden a la particular cultura de los grupos o iglesias. Sin embargo, quisiera recomendar que todo grupo tenga el liderazgo de una persona madura (o varias) en el Señor, que tenga conocimiento suficiente de la Palabra que

le permita discernir lo que se recibe. Una de las armas del enemigo consiste en producir una fascinación con el tema de los demonios y lo sobrenatural, y si no se cuenta con ese liderazgo sólido y maduro, existe el riesgo de caer en sus artimañas.
- Por último, deseo compartirle otra recomendación que nos ha resultado muy beneficiosa. Mantenemos tres grupos diferentes de intercesión. Uno elemental que nos permite identificar los dones y sobre todo identificar a las personas interesadas en la intercesión. El segundo grupo, un tanto más especializado, que sirve los propósitos de un entrenamiento intensivo, y un tercer grupo que está formado por unas 22 personas, incluyendo a mi esposa y a mí, que es el grupo más intenso. Hemos llegado a desarrollar con el tiempo una relación muy estrecha y una amplia comunicación. No hay nada que yo esconda de este grupo. Puedo pedirles oración por asuntos ministeriales o por cosas personales con la misma facilidad. Todos compartimos la misma visión y el mismo deseo de ver transformada a nuestra nación.

La intercesión profética

La intercesión profética tiene lugar cuando se da el matrimonio del sacerdocio y lo profético. El sacerdote en la Biblia es la figura que presenta delante de Dios las necesidades o los intereses del pueblo. El profeta, por el contrario, es el que presenta los intereses de Dios al pueblo. Nuestro Señor Jesucristo viene a ser el modelo por excelencia. Él reúne en un solo ministro al sacerdote y al profeta. Y enuncia el principio de la intercesión profética de esta forma: «*Venga tu reino. Hágase tu voluntad, como en el cielo, así también en la tierra*» (Mateo 6.10).

La intercesión profética nace en el corazón de Dios, porque tiene como base Su voluntad. Antes hacíamos referencia a orar la Palabra (escrita) de Dios. En este caso oramos la voluntad de Dios para las personas y/o las naciones. Bien puede tratarse de orar la Escritura, o podemos orar las palabras de profecía que Dios ha hablado sobre una persona o una nación. Muchas veces hemos experimentado el oír la voz de Dios acerca de una situación particular, porque Dios está interesado en cambiar esa situación y se goza, usándonos como sus colaboradores (véase 1 Corintios 3.9 y 2 Corintios 6.1).

La confesión es el método divino para el cambio y la transformación. Recuerde que Dios es quien «*llama las cosas que no son, como si fuesen*» (Romanos 4.17).

La diferencia con la intercesión que hacemos normalmente consiste en que, en esta, oramos por alguien, nos ponemos en la brecha. Mientras que la intercesión profética involucra otro elemento: Es Dios el que toma la iniciativa y Dios pone la carga profética en usted o en cualquiera de nosotros para traerla a existencia, literalmente traerla del plano espiritual al plano natural.

Plano del alma

Si bien algunas personas ven la guerra espiritual como algo que se refiere exclusivamente al área del Espíritu y la oración, yo pienso que la mente del hombre es uno de los campos más importantes donde se dá la batalla espiritual. Por ello, haremos énfasis en la estrategia espiritual a nivel del alma.

La predicación del evangelio

La actividad de la Iglesia se ha desarrollado casi con exclusividad alrededor de este tema: La predicación de la Palabra. Se construyen grandes templos para reunir a la gente y predicarles el evangelio. Se construyen estudios de televisión y se edifican estaciones de radio con este propósito. ¿Por qué? Porque el mensaje es el vehículo por medio del cual transmitimos el poder de Dios que salva, sana y transforma las vidas (véase Romanos 1.16 y 1 Corintios 1.21).

La Palabra de Dios tiene poder (Hebreos 11.3 y 4.12), y se constituye en nuestra arma fundamental «para la destrucción de fortalezas, refutando argumentos, y toda altivez que se levanta contra el conocimiento de Dios, y llevando cautivo todo pensamiento a la obediencia a Cristo» (2 Corintios 10.4-5).

El predicador tiene en sus manos la espada del Espíritu (Efesios 6.17), que le sirve para destruir las fortalezas que hay en la mente de las personas. Desde que nací de nuevo, recibí las enseñanzas de un gran siervo de Dios llamado John Osteen. Él fue quien me transmitió el valor de la Palabra. Bajo su ministerio aprendí a respetar la Biblia como la Palabra del Dios Viviente. Y sé que ese ha sido el elemento que le ha dado fuerza a nuestra iglesia. Aún antes de entrar a enseñar la Biblia, es importante para el pastor enseñar a su congregación el valor de la Palabra. Cuando una congregación llega a respetar y valorar la Palabra, estará dispuesta a renunciar a cualquier argumento, si la Biblia así se lo demanda. Es la forma de derribar los argumentos y las altiveces.

El predicador entonces, tiene en sus manos (así como en su boca y su corazón [Romanos 10.8]), la herramienta dada por Dios para renovar el entendimiento de su congregación y transformar sus vidas. Un siervo de Dios me dijo en una ocasión: «Un predicador puede moldear la manera de pensar de la congregación». ¡Qué maravilla si al predicar la Palabra, la gente es transformada a la imagen de Cristo! (Romanos 8.29).

«Por lo cual, desechando toda inmundicia y abundancia de malicia, *recibid con mansedumbre la palabra implantada, la cual puede salvar vuestras almas*» (Santiago 1.21).

En su primera aparición pública, de acuerdo al Evangelio según San Marcos, Jesucristo dijo: «El tiempo se ha cumplido, y el reino de Dios se ha acercado; *arrepentíos, y creed en el evangelio*» (Marcos 1.15).

Arrepentimiento significa cambiar de dirección, cambiar totalmente de rumbo. (Si antes iba al norte, ahora iré al sur), cambiar de mentalidad o de manera de pensar. Jesucristo les dijo:

1. El tiempo señalado por Dios ha llegado;

2. Como consecuencia de lo anterior, el Reino de Dios se ha acercado;

3. Por tanto, cambien su mentalidad, cambien su manera de pensar, y

4. En lugar de lo que antes pensaban y creían, ahora «crean el evangelio».

No se olvide que el evangelio es exactamente lo opuesto al pensamiento del mundo. Mientras el mundo dice «ver para creer», el reino dice «cree y verás». Mientras el mundo dice «si quieres tener, acapara» el reino dice «dar para recibir». Mientras el mundo dice «si quieres gozar tu vida echa mano de todo lo que puedas, la Biblia dice «Porque todo el que quiera salvar su vida, la perderá; y todo el que pierda su vida por causa de mí, éste la salvará» (Lucas 9.24). Por eso Jesús nos llamó al arrepentimiento (cambio de manera de pensar), y nos desafió a creer el evangelio. Este es el trabajo del predicador, usar la espada del espíritu, que es la Palabra de Dios para desafiar constantemente a la congregación a dejar la manera de pensar del mundo y aprender a no pensar más de lo que está escrito (1 Corintios 4.6).

Cuando son removidas las fortalezas, los argumentos y las altiveces, estarán siendo removidas las llamadas *hypsōma y logizomai* que ya hemos mencionado, con todo y los poderes cósmicos que las impulsan.

La destrucción de «las estructuras»

«Mira que te he puesto en este día sobre naciones y sobre reinos, para arrancar y para destruir, para arruinar y para derribar, para edificar y para plantar» (Jeremías 1.10).

En este pasaje encontramos una gran advertencia para el creyente. Como el Israel de antaño, nos encontramos en un territorio hostil, y sin embargo, algunos actúan como si no lo supieran.

«Sabemos que somos de Dios, *y el mundo entero está bajo el maligno*» (1 Juan 5.19).

Me sorprende la ingenuidad tan grande que padecen algunos creyentes. Un grupo decide plantar una iglesia, y proceden de esta manera: Consiguen un lugar, lo pintan y lo arreglan, compran instrumentos musicales y esperan el día domingo. Luego, abren la nueva iglesia y esperan a que la gente llegue y se convierta. Ni siquiera se les pasa por la mente que puedan haber fuerzas espirituales en el vecindario que necesiten ser removidas.

Arrancar, destruir, arruinar y derribar

Cualquier agricultor tiene más sentido común. A nadie se le ocurriría tomar un predio baldío, y sembrar de inmediato las semillas más finas. Desde luego habría necesidad de iniciar con un proceso de limpieza. Sería necesario arrancar la hierba y arbustos, derribar lo que no sirve, arruinar y destruir la basura y todo aquello que obstaculice a las nuevas semillas. Solamente después de terminar el proceso de limpieza, procedería a sembrar sin riesgo. Eso es exactamente lo que la Palabra de Dios nos dice acerca de las realidades espirituales en un territorio.

La primera parte del pasaje nos presenta cuatro verbos relacionados con la destrucción: Arrancar, destruir, arruinar y derribar. Después de estudiar estas palabras en tres idiomas, puedo asegurarle que no quedará nada.

Ese es el plan de Dios respecto a las estructuras mentales que encontramos en el «mundo».[2] Así como Dios mandó al pueblo de Israel a su entrada a Canaán prohibiéndoles que

---

2. «La Voz de la Torá»

recibieran la influencia de los pueblos paganos, no fuera a ser que imitaran sus costumbres, por las que precisamente habían sido expulsados de esa tierra, así nos manda a nosotros hoy a arrancar, destruir, arruinar y derribar toda estructura mental contraria a la Palabra de Dios.

«En ninguna de estas cosas os amancillaréis; pues en todas estas cosas se han corrompido las naciones que yo echo de delante de vosotros, y la tierra fue contaminada; y yo visité su maldad sobre ella, y la tierra vomitó sus moradores. Guardad, pues, vosotros mis estatutos y mis ordenanzas, y no hagáis ninguna de estas abominaciones, ni el natural ni el extranjero que mora entre vosotros (porque todas estas abominaciones hicieron los hombres de aquella tierra que fueron antes de vosotros, y la tierra fue contaminada); *no sea que la tierra os vomite por haberla contaminado, como vomitó a la nación que la habitó antes de vosotros*» (Levítico 18.24-28).

Muchas veces escucho de personas que se sorprenden de por qué Dios envió a Israel a la guerra, a vencer y a eliminar a esos pueblos paganos. La anterior es la respuesta exacta. Su pecado les llevó a esa triste consecuencia. Israel fue solamente el brazo ejecutor del juicio que ellos habían hecho venir sobre sí mismos.

Los rudimentos del mundo (Stoicheia)

La Biblia nos habla una y otra vez acerca de la necesidad que tenemos de sustituir o reemplazar las estructuras elementales y los órdenes que se encuentran fundamentados en el «sistema mundo», para vivir realmente la nueva vida de libertad que Cristo nos ha provisto.

«Pero también digo: Entre tanto que el heredero es niño, en nada difiere del esclavo, aunque es señor de todo; sino que está bajo tutores y curadores hasta el tiempo señalado por el padre. Así también nosotros, cuando éramos niños, estábamos en esclavitud *bajo los rudimentos del mundo. Pero cuando vino el cumplimiento del tiempo*, Dios envió a su Hijo, nacido de mujer y nacido bajo la ley» (Gálatas 4.1-4).

«Ciertamente, en otro tiempo, no conociendo a Dios, servíais a los que por naturaleza no son dioses; mas ahora, conociendo a Dios, o más bien, siendo conocidos por Dios, *¿cómo es que os volvéis de nuevo a los débiles y pobres rudimentos, a los cuales os queréis volver a esclavizar?*» (Gálatas 4.8-9).

«*Mirad que nadie os engañe por medio de filosofías y huecas sutilezas según las tradiciones de los hombres, conforme a los rudimentos del mundo, y no según Cristo*» (Colosenses 2.8).

«*Pues si habéis muerto con Cristo en cuanto a los rudimentos del mundo, ¿por qué, como si vivieseis en el mundo, os sometéis a preceptos tales como: No manejes, ni gustes, ni aún toques (en conformidad a mandamientos y doctrinas de hombres), cosas que todas se destruyen con el uso?*» *(Colosenses 2.20-22).*

Edificar y plantar

Los últimos dos verbos de Jeremías 1.10 son: Edificar y plantar. No se trata solamente de ir atando espíritus o derribando fortalezas. Se trata de sustituir las fortalezas que no eran de Dios, por unas que sí sean de Dios. Necesitamos plantar o edificar en la mente de las personas la Palabra de Dios. No se trata solamente de eliminar una estructura mental, se trata de reemplazarla. Cualquier siquiatra o sicólogo nos va a decir que un hábito no se quita, sino que se sustituye.

La esperanza

¿Cómo edificamos y plantamos? Con esperanza. Esta es una de las palabras más hermosas que existen. La esperanza constituye la base del ministerio de Jesucristo, y por ende del nuestro. Cuando yo estoy de pie en la plataforma al frente de la iglesia, siento la carga de Dios sobre mis hombros. Estoy allí para hacer una diferencia en sus vidas a través de la Palabra de Dios y la unción del Espíritu Santo. Me siento satisfecho solamente cuando sé que he logrado inspirar en sus corazones la esperanza de una nueva oportunidad, un nuevo día, una nueva bendición. Recuerde que la esperanza es el fundamento de la fe (Hebreos 11.1).

Jesucristo nuestro modelo, empleó el arma de la esperanza continuamente. No vaciló en anunciar la obra que Dios haría a través de Él y de la Palabra.

«Vino a Nazaret, donde se había criado; y en el día de reposo entró en la sinagoga, conforme a su costumbre y se levantó a leer. Y se le dio el libro del profeta Isaías; y habiendo abierto el libro, halló el lugar donde estaba escrito: El Espíritu del Señor está sobre mí, por cuanto me ha ungido para dar buenas nuevas a los pobres; me ha enviado a sanar a los quebrantados de corazón; a pregonar libertad a los cautivos, y vista a los ciegos; a poner en libertad a los oprimidos; a predicar el año agradable del Señor. Y enrollando el libro, lo dio al ministro, y se sentó; y los ojos de todos estaban fijos en él» (Lucas 4.16-21).

No me sorprende en absoluto por qué los ojos de todos estaban fijos en él. Estaba poniendo delante de ellos la esperanza de un nuevo día, un nuevo futuro, una nueva oportunidad. Me imagino a alguien como Bartimeo pensando: Hay esperanza para un ciego como yo. Los pobres diciendo entre ellos: Existen buenas nuevas para nosotros. Los oprimidos por el diablo abrigando en sus corazones la idea de que podrían ser libres. Este es el mensaje más maravilloso que existe. Las buenas nuevas son esperanza para el necesitado.

El plano físico o natural

Actos proféticos

Me resultó difícil encontrar la colocación adecuada para este tema. Por una parte estos actos pertenecen a lo espiritual, puesto que se trata de algo profético. Pero, por el otro lado están tan relacionados con el campo de lo natural, puesto que son actos, acciones, actividades que realizamos muchas veces sobre el territorio físico.

La definición es la siguiente: Los actos proféticos son acciones o actividades que hacemos como respuesta a una palabra profética. En realidad se trata de profecías actuadas. La Biblia nos provee de múltiples ejemplos.

Uno de los más citados es el caso del profeta Eliseo, con relación al rey de Israel y su batalla contra Hazael, rey de Siria.

«Y le dijo Eliseo: Toma un arco y unas saetas. Tomó él entonces un arco y unas saetas. Luego dijo Eliseo al rey de Israel: Pon tu mano sobre el arco. Y puso él su mano sobre el arco. *Entonces puso Eliseo sus manos sobre las manos del rey, y dijo: Abre la ventana que da al oriente. Y cuando él la abrió, dijo Eliseo: Tira. Y tirando él, dijo Eliseo: Saeta de salvación de Jehová, y saeta de salvación contra Siria*; porque herirás a los sirios en Afec hasta consumirlos. Y le volvió a decir: Toma las saetas. Y luego que el rey de Israel las hubo tomado, le dijo: *Golpea la tierra*. Y él la golpeó tres veces, y se detuvo. Entonces el varón de Dios, enojado contra él le dijo: *Al dar cinco o seis golpes, hubieras derrotado a Siria hasta no quedar ninguno; pero ahora sólo tres veces derrotarás a Siria*» (2 Reyes 13.15-19).

Como usted ve no se trata tan solo de una palabra profética, sino de un acto físico, de una acción profética.

Otro ejemplo maravilloso lo encontramos en el capítulo número 13 del libro de Génesis. Dios le había dicho a Abram: «Levántate, ve por la tierra a lo largo de ella y a su ancho; porque a ti te la daré» (v. 17). Y nosotros encontramos a Abram que «volvió por sus jornadas desde el Neguev hacia Bet-el, hasta el lugar donde había estado antes su tienda entre Bet-el y Hai» (v. 3). La Voz de la Torá (2) dice así: El Talmud (libro santo de los judíos que contiene las enseñanzas de los antiguos doctores de la ley) deduce de esta frase que el hecho que una persona recorra a lo largo y a lo ancho una propiedad sobre la cual tiene ciertos derechos, constituye un acto de adquisición. ¿Tenía Abram ciertos derechos? Sí, Dios le había dado una promesa. Y ahora él estaba ejercitando su fe por medio de una caminata de posesión, de adquisición.

Hoy en día contamos con muchas estrategias de este tipo, como las caminatas de oración, la Marcha para Jesús, la estrategia de los puntos cardinales, las caminatas de reconciliación, etcétera.[3]

Un ejemplo maravilloso, y probablemente de los más claros en cuanto a cartografía espiritual y actos proféticos se refiere, es el mandato de Dios a su siervo Ezequiel: «*Tú, hijo de hombre, tómate un adobe, y ponlo delante de ti, y diseña sobre él la ciudad de Jerusalén. Y pondrás contra ella sitio, y edificarás contra ella fortaleza, y sacarás contra ella baluarte, y pondrás delante de ella campamento, y colocarás contra ella arietes alrededor. Tómate también una plancha de hierro, y ponla en lugar de muro de hierro entre ti y la ciudad; afirmarás luego tu rostro contra ella, y será en lugar de cerco, y la sitiarás. Es señal a la casa de Israel*» (Ezequiel 4.1-3).

Y, si usted pensó que todos los ejemplos anteriores correspondían únicamente al Antiguo Testamento, le invito a leer el siguiente ejemplo: «Y permaneciendo nosotros allí algunos días, descendió de Judea *un profeta llamado Agabo, quien viniendo a vernos, tomó el cinto de Pablo, y atándose los pies y las manos dijo: Esto dice el Espíritu Santo: Así atarán los judíos en Jerusalén al varón de quien es este cinto, y le entregarán en mano de los gentiles*» (Hechos de los Apóstoles 21.10-11).

El mismo Jesús llevó a cabo una serie de actos proféticos, y aun algunos de sus milagros fueron acciones absolutamente proféticas, como la transformación del agua en vino.

Dios nos ha llevado a hacer una serie de actos proféticos a favor de nuestra nación, y aun a favor de nuestro continente. Hemos visto maravillas como resultado de estas «profecías actuadas».

El ministerio

Cuando Dios habla del ministerio de la Iglesia, no hace

---

3. Le recomiendo el libro «*Caminata en oración*», de Steve Hawthorne y Graham Kendrick, Editorial Betania.

distinciones entre la obra espiritual y la obra física. Más bien nos habla de un solo ministerio, que ministra a las necesidades del hombre desde un punto de vista integral (espíritu, alma y cuerpo).

«¿No es más bien el ayuno que yo escogí, *desatar las ligaduras de impiedad, soltar las cargas de opresión, y dejar ir libres a los quebrantados, y que rompáis todo yugo*? ¿No es *que partas tu pan con el hambriento, y que a los pobres errantes albergues en tu casa; que cuando veas al desnudo, lo cubras, y no te escondas de tu hermano*? Entonces nacerá tu luz como el alba, y tu salvación se dejará ver pronto; e irá tu justicia delante de ti, y la gloria de Jehová será tu retaguardia. Entonces invocarás, y te oirá Jehová; clamarás, y dirá Él: Heme aquí. *Si quitares de en medio de ti el yugo, el dedo amenazador, y el hablar vanidad; y si dieres tu pan al hambriento, y saciares al alma afligida*, en las tinieblas nacerá tu luz, y tu oscuridad será como el medio día. Jehová te pastoreará siempre, y en las sequías saciará tu alma, y dará vigor a tus huesos; y serás como huerto de riego, y como manantial de aguas, cuyas aguas nunca faltan. Y los tuyos edificarán las ruinas antiguas; los cimientos de generación y generación levantarás, y serás llamado reparador de portillos, restaurador de calzadas para habitar» (Isaías 58.6-12).

Estoy persuadido de que toda iglesia necesita contar con un fuerte ministerio de liberación, uno de sanidad interior, y otro de atención a los necesitados. Ese es el patrón que yo veo en Cristo. Su ministerio contaba con tres elementos esenciales: Predicar el evangelio, sanar a los enfermos, liberar a los oprimidos por el diablo (echando fuera demonios). De esta manera atendió a las necesidades espirituales y emocionales de la gente, sin descuidar sus necesidades físicas.

La organización de la Iglesia para el evangelismo

Obviamente el tema más importante para la Iglesia es el evangelismo. De eso se trata todo nuestro trabajo. Y ese es el tema fundamental de nuestro esfuerzo en la guerra espiritual. Quiero tratar un tema que para algunos puede tratarse de algo muy simple, sin embargo, dado que el deseo que nos impulsa es el cumplimiento de la Gran Comisión, quisiera enfatizar que necesitamos organizarnos para poder ser efectivos en el evangelismo y la asimilación de los nuevos creyentes. La Iglesia debe edificar una estructura que le permita «recoger los despojos y repartir el botín, después de haber saqueado la casa del hombre fuerte».

La Iglesia no ha actuado con astucia en este tema. Generalmente las iglesias están a la espera de que la gente que no conoce a Cristo «llegue» a la iglesia, y luego «acepte a Cristo» de una manera espontánea. Por eso es que aún no estamos transformando las naciones. Porque el evangelismo no es espontáneo, sino más bien el fruto de un esfuerzo bien coordinado, en el cual cada miembro de la iglesia está consciente de su papel como «pescador de hombres», colaborador de Cristo (Mateo 4.19, Marcos 1.17, 1 Corintios 3.9 y 2 Corintios 6.1).

No se olvide que existe un orden divino para la Iglesia, en el cual son los santos los llamados a hacer la obra del ministerio, y la tarea de los ministros es entrenar, adiestrar, capacitar a los santos para que optimicen sus dones y cumplan su llamado divino.

«*Y él mismo constituyó a unos, apóstoles; a otros, profetas; a otros, evangelistas; a otros, pastores y maestros, a fin de perfeccionar a los santos para la obra del ministerio, para la edificación del cuerpo de Cristo*» (Efesios 4.11-13).

Yo no justifico la guerra espiritual a nivel estratégico si lo que se persigue no es el evangelismo. Recuerde por favor que la cartografía espiritual no es un fin en sí mismo, sino solamente un vehículo para llevar a cabo la guerra espiritual. Y, la guerra espiritual tampoco es un fin en sí misma, sino una herramienta para el evangelismo eficaz.

Hoy en día hay mucha literatura acerca de células y grupos de crecimiento así como de discipulado que están disponibles para todos.

Conclusión

La llave de la victoria espiritual en la Iglesia
Hay una estrategia que considero la clave para obtener la optimización de nuestros recursos y asegurar una gran cosecha. Se trata de la acción coordinada de los principios que hemos aprendido, aplicados a la iglesia local. En primer lugar, realizamos nuestra investigación cartográfica y definimos e identificamos los poderes y las estructuras contra las que nos enfrentamos. Una vez hecho esto, disponemos nuestra estrategia para los servicios de la iglesia. En especial los servicios del día domingo. Compartimos la información con los grupos de intercesión. Por ejemplo, si vamos a venir en contra del espíritu de adulterio y fornicación, los intercesores van a atar a estos espíritus y a las fortalezas mentales (tanto las ideas, como los poderes cósmicos detrás de ellas), mientras yo predico la Palabra sincronizado perfectamente con lo que ellos están orando. En este particular ejemplo, yo estaría predicando acerca del matrimonio, la familia y la santidad. De esta forma estaríamos atacando simultáneamente al enemigo en ambos flancos. Y, por último, los ministros consejeros están entrenados y listos para recibir a la gente cuando hacemos el llamamiento al final del servicio, y podrán ministrarles salvación, perdón, liberación y cuanto haya necesidad de hacer. Así logramos cubrir las tres áreas y derrotar al enemigo. Hay todo un equipo de apoyo para trabajar la asimilación de los nuevos creyentes y poder ministrar a sus necesidades. Resultó muy emocionante cuando comenzamos a aplicar esta estrategia y comenzamos a ver 100, 160 y hasta 240 personas añadiéndose a la iglesia cada semana.

Por supuesto, usted notará que no es el trabajo de una sola persona. Pero, exactamente esa es la razón por la cual somos un Cuerpo (Efesios 4.16).

10

Los resultados

Desechando, pues, toda malicia, todo engaño, hipocresía, envidias, y todas las detracciones, desead, como niños recién nacidos, la leche espiritual no adulterada, para que por ella crezcáis para salvación.
1 Pedro 2.1-2

Trataremos dentro del presente capítulo las últimas tres partes del esquema. Describiremos lo que la batalla provoca en el mundo del espíritu, del alma y del cuerpo. Y posteriormente extraeremos sabiduría y entendimiento del ejemplo que nos da el ministerio de Cristo y el de sus apóstoles.

Tres clases de encuentro *(Figura 10.1)*

Todos nos hemos regocijado cuando vemos a una persona caminar por el pasillo de la iglesia para recibir a Cristo. Sin embargo probablemente no estamos conscientes de todos los factores involucrados en semejante decisión.

SER HUMANO INTEGRAL	LO QUE SE PRODUCE	LA BATALLA	EL MINISTERIO DE JESUCRISTO
1 Ts 5.23 ESPÍRITU		CHOQUE DE PODER	EL MINISTERIO DE LA ORACIÓN MARCOS 1.35 Y AÚN HOY: HECHOS 7.25
ALMA		CHOQUE DE VERDADES	EL MINISTERIO DE LA PREDICACIÓN Y LA ENSEÑANZA MARCOS 1.14-15 MARCOS 1.21-22 MARCOS 1.38 LUCAS 4.16-18
CUERPO		CHOQUE DE LEALTADES	EL MINISTERIO DE SANIDAD, LIBERACIÓN MARCOS 1.23-31 MARCOS 1.32-34 ISAÍAS 58.6-7

FIGURA 10.1

Los predicadores podemos darnos cuenta cuando tenemos un servicio fácil, suave, o por el contrario percibimos la resistencia que se da contra la palabra que predicamos.

¿A qué se debe que un día muchos vengan a Cristo, o que la palabra penetre, o que por el contrario, haya mucha resistencia? Se debe a una dinámica espiritual invisible que se presenta siempre que se predica o comparte la Palabra. La misma dinámica se aplica si predicamos a una audiencia de cinco mil, o si testificamos a una sola persona.

La mencionada dinámica espiritual consiste de tres elementos, que llamo choques o encuentros, que se dan a nivel del espíritu, del alma y finalmente del cuerpo.

Choque de poderes

En el área del espíritu es donde se produce el «choque de poderes». Defino de esta manera al encuentro que se da entre los poderes del maligno y el Poder de Dios y de sus ángeles. Este es el encuentro entre la luz y las tinieblas y este el resultado que podemos esperar:

«La luz en las tinieblas resplandece, y las tinieblas no prevalecieron contra ella» (Juan 1.5).

No hay mucho que nosotros podamos hacer en ese campo. Sin embargo necesito repetir que la acción se produce cuando el creyente abre su boca para expresar la Palabra de Dios, ya sea cuando oramos, intercedemos, profetizamos o cuando tomamos autoridad sobre el enemigo y sus fuerzas.

Las personas tienen relativamente poco problema con este choque de poderes. Si yo estoy expulsando a un demonio, todos los hermanos estarán de acuerdo conmigo y me apoyarán en oración. Realmente, aunque se trate de personas que no son creyentes, el poder de Dios es tan superior al del adversario, que no presenta ninguna dificultad. Nuestra colaboración se reduce a creer con fe el evangelio y a hablar la Palabra de Dios.

El efecto de la oración, la intercesión y la intercesión profética provocan el choque de poderes, que se da en los lugares celestiales.

Choque de verdades

El Diccionario de la Real Academia de la Lengua Española define choque como el: Encuentro violento de una cosa con otra. Me parece que el choque o encuentro de verdades puede resultar aun más violento para nosotros que el anterior. Especialmente por causa de la religión. El choque de verdades consiste en el encuentro, el choque que se da entre la verdad de la Palabra de Dios y la verdad que alguien cree.

Como decía antes, si me encuentro expulsando un demonio, seguramente toda la congregación me apoyará. En cambio, si cuando predico toco algún tema controversial, con ello enfrento creencias de otras personas. Aunque esas personas sean creyentes, amigos y hermanos, el choque que se produce puede ser muy violento y llegar a tener consecuencias muy desagradables.

Un encuentro aun más fuerte se provoca cuando se tocan ciertos conceptos de índole religiosa. Más de una vez he percibido cuán fuerte puede reaccionar una persona o un grupo cuando se presenta un concepto que contradice su forma de interpretar a Dios o a las Escrituras. En más de una ocasión fui despedido de un estudio bíblico o una iglesia por presentar una visión distinta de la de ellos, en cuanto a temas que para nosotros son de todos los días, como la llenura del Espíritu Santo, o la voz de Dios.

Renovar nuestro entendimiento por medio de la Palabra de Dios puede resultar una tarea muy dura. ¿Por qué? Porque la manera de pensar, la mentalidad está formada de argumentos, ideas, conceptos y fortalezas.

El hombre viene a ser el producto o la consecuencia de sus pensamientos. «Porque cual es su pensamiento en su corazón, tal es él...» (Proverbios 23.7).

Ante la necesidad que existe de renovar nuestro entendimiento, todo pastor va a encontrar resistencia en la mente de las personas, debido a fortalezas que han tenido ancladas en su vida, a veces, por muchos años. Cualquier pastor sabe que es más fácil entrenar niños o jóvenes en la Palabra que personas mayores. Entre más edad tenga una persona más tiempo han tenido las fortalezas para enraizarse en su alma. Mi consejo para un pastor sería comenzar por enseñar a su congregación el valor de la Palabra de Dios como elemento final de decisión.

Mateo 24.35, Marcos 13.31 y Lucas 21.33 contienen la misma verdad, Dios dice: «El cielo y la tierra pasarán, pero mis palabras no pasarán».

La predicación de la palabra va a generar el choque de verdades. Lo que una persona cree es confrontado con lo que la Palabra de Dios dice, de manera que las estructuras mentales se tambalean, y, si tenemos éxito serán derribadas (2 Corintios 10.3-5), y reemplazadas por la Palabra de Dios, por una manera de pensar que se alinee a la Biblia y a la guía del Espíritu Santo.

Choque de lealtades

Alineación Voluntaria a uno de los reinos

El choque de verdades demanda una decisión. Y esta es precisamente resultado del libre albedrío que Dios nos ha dado. Tenemos la capacidad de decidir, podemos ejercer nuestra voluntad (como lo decíamos en el capítulo 4) y lo hacemos otorgando nuestra lealtad a uno de los reinos.

Si decido cambiar mi manera de pensar o de vivir; por ejemplo si decido abandonar el pecado, le estaré dando mi lealtad al Reino de Dios. Si por el contrario alguien que ha conocido a Cristo decide persistir en sus caminos pecaminosos, estará ejercitando su voluntad para dar su lealtad al reino de las tinieblas.

Recuerde los conceptos que compartimos en el capítulo cuatro: Lo que el hombre decide y hace refuerza el reino al cual le ha dado su lealtad.

Pero hay necesidad de explicar, que mientras el predicador expone su mensaje, y luego demanda una decisión, hay muchos factores invisibles trabajando al mismo tiempo. Algunas veces una persona no es capaz de ser libre de un hábito, vicio o pecado. Escucha la prédica, cree la Palabra, pero no es capaz de llevar a cabo lo que cree que está bien. Para ponerlo en labios del apóstol Pablo:

«Porque lo que hago, no lo entiendo; pues no hago lo que quiero, sino lo que aborrezco, eso hago» (Romanos 7.15).

La frase «no lo entiendo» es muy reveladora. La persona solo se percata de que no puede cambiar, pero ni siquiera sabe por qué. Nosotros ya hemos aprendido en el capítulo anterior, que en muchos casos no solamente se trata de fortalezas, sino también de altiveces (que son poderes cósmicos traducidos en ideas que intentan separar al hombre de Dios). Así que un choque de verdades no es suficiente para producir lealtad a Dios y renuncia al diablo. Se necesita un choque de poderes. (En algunos casos habrá incluso necesidad de una liberación.)

Por ello enfatizo la necesidad de llevar a cabo una estrategia integral; un grupo se dedica a orar, interceder y atar a los poderes, mientras el predicador se dedica a exponer la Palabra de Dios. Esto mantiene «a raya» a los poderes y a las fortalezas al mismo tiempo, y facilita la decisión de lealtad. No puedo explicarles cuán valioso es un grupo de intercesión continuo durante cada servicio de la iglesia.

Personalmente estoy persuadido de que toda iglesia debe hacer disponible el ministerio de liberación para que todos los miembros que deseen pueda recibirla.

El ministerio de Jesucristo (*Figura 10.1*)

Deseo mostrarle que la Palabra nos enseña que durante

su ministerio terrenal, Jesús dominaba al enemigo en los tres campos de batalla, y que ejercía actividades específicas en cada una de las áreas.

En el área del Espíritu

En una ocasión tuve la bendición de ministrar en la ciudad de Rosario, en Argentina, y Dios en su misericordia me permitió ver uno de los servicios más sobrenaturales en los que he tenido ocasión de participar. Vi una demostración completa del ministerio de Jesús. Yo me encontraba particularmente cansado, después de una semana de servicios en Buenos Aires. Como si esto fuera poco habíamos viajado por automóvil a Rosario, y arribamos a la ciudad exactamente cuando comenzaba nuestro primer culto. Luego hicimos dos programas de televisión, y tuve aproximadamente una hora para prepararme para el próximo servicio. Además me encontraba un tanto triste porque la noche anterior había nacido nuestro hijo David, y yo no había podido estar a tiempo en Guatemala con Cecilia para acompañarle durante el parto como lo hice con nuestros tres hijos mayores. En fin, se había tratado de un día difícil, pero Dios fue rico en misericordia (una vez más) conmigo. Cuando dio inicio el servicio tuve una visión en la que vi el cielo abierto y el poder de Dios descendiendo sobre la congregación. Dios me guió al capítulo primero del Evangelio de San Marcos y mientras predicaba la Palabra (por la inspiración del Espíritu Santo), debo confesar que el que más recibía era yo. Entendí las tres partes del ministerio de Cristo, y la razón de su efectividad. Le vi salvar al perdido, sanar al enfermo, libertar al oprimido y presencié muchos milagros. Nunca olvidaré algo que pasó durante el servicio. Tuve una palabra de profecía para una mujer que se hallaba presa de la prostitución por haber realizado un pacto con Satanás. «Mañana», advertí hablando a la congregación, «busque al pastor y pídale oración para ser libre». Un instante después tenía enfrente de mí a una joven, que dijo: «Yo soy la mujer de la que usted habla, no puedo esperar hasta mañana, necesito ser libre hoy». Cuando terminó su oración recibiendo a Cristo como su Salvador, cayó al suelo por el poder del Espíritu. Nadie la tocó. Fue el Espíritu de Dios. Cuando se levantó hablaba en otras lenguas por el Espíritu Santo. Fue algo glorioso, su rostro cambió, era una nueva persona. Habíamos tenido en unos minutos un choque de poderes, uno de verdades y uno de lealtades para resultar en una gloriosa conversión. Ese es el ministerio de Cristo.

El ministerio de la oración

La enseñanza de Cristo consiste en mostrarnos que alguien que desee autoridad y poder debe tener una comunión íntima con Dios a través de la oración. Esto es lo que se llama «ministrar al Señor». Es en este tiempo en el que ponemos nuestra vida en el altar de Dios, y es allí donde encontramos el poder para atar y vencer las fuerzas del enemigo.

> *Levantándose muy de mañana, siendo aún muy oscuro, salió y se fue a un lugar desierto, y allí oraba.*
> Marcos 1.35

> *«Cuando ya era de día, salió y se fue a un lugar desierto; y la gente le buscaba, y llegando a donde estaba, le detenían para que no se fuera de ellos. Pero Él les dijo: «Es necesario que también a otras ciudades anuncie el evangelio del reino de Dios; porque para eso he sido enviado. Y predicaba en las sinagogas de Galilea».*
> Lucas 4.42-44

No solamente oraba Cristo cuando estaba en la tierra. Aun hoy en día él continua ejerciendo ese glorioso ministerio.

> *«...por lo cual puede también salvar perpetuamente a los que por Él se acercan a Dios, viviendo siempre para interceder por ellos»*
> Hebreos 7.25

En el área del alma

Era en el lugar secreto, en la comunión íntima con Dios, donde Jesús recibía las instrucciones de Dios. Allí se preparaba para el ministerio hacia la gente.

«Después que Juan fue encarcelado, Jesús vino a Galilea *predicando el evangelio* del reino de Dios, diciendo: El tiempo se ha cumplido, y el reino de Dios se ha acercado; arrepentíos, y *creed en el evangelio*» (Marcos 1.14-15).

«Y entraron en Capernaum; y los días de reposo, entrando en la sinagoga *enseñaba*. Y se admiraban de su doctrina; porque *les enseñaba* como quien tiene autoridad, y no como los escribas» (Marcos 1.21-22).

«El les dijo: Vamos a los lugares vecinos para que *predique* también allí; porque para esto he venido» (Marcos 1.38).

«Vino a Nazaret, donde se había criado; y en el día de reposo entró en la sinagoga, conforme a su costumbre, y se levantó a leer. Y se le dio el libro del profeta Isaías; y habiendo abierto el libro, halló el lugar donde está escrito: *El Espíritu del Señor está sobre mí, por cuanto me ha ungido para dar buenas nuevas a los pobres; Me ha enviado a sanar a los quebrantados de corazón; A pregonar libertad a los cautivos, Y vista a los ciegos; A poner en libertad a los oprimidos; A predicar el año agradable del Señor*» (Lucas 4.16-18).

En el área del cuerpo

El resultado del ministerio a Dios, se ve en el ministerio con poder hacia la gente. Salvación, sanidad y liberación, son las marcas del ministerio de Cristo.

> *Pero había en la sinagoga de ellos un hombre con espíritu inmundo, que dio voces, diciendo: ¡Ah! ¿qué tienes con nosotros, Jesús nazareno? ¿Has venido para destruirnos? Sé quién eres, el Santo de Dios.* Pero Jesús le reprendió, diciendo: ¡Cállate, y sal de él! Y el espíritu inmundo, sacudiéndole con violencia, y clamando a gran voz, salió de él. Y todos se asombraron, de tal manera que discutían entre sí, diciendo: ¿Qué es esto? ¿Qué nueva doctrina es ésta, que con autoridad manda aún a los

espíritus inmundos, y le obedecen? Y muy pronto se difundió su fama por toda la provincia alrededor de Galilea. Al salir de la sinagoga, vinieron a casa de Simón y Andrés, con Jacobo y Juan. Y la suegra de Simón estaba acostada con fiebre; y enseguida le hablaron de ella. Entonces él se acercó, y la tomó de la mano y la levantó; e inmediatamente le dejó la fiebre, y ella les servía.

Marcos 1.23-31

Cuando llegó la noche, luego que el sol se puso, le trajeron todos los que tenían enfermedades, y a los endemoniados; y toda la ciudad se agolpó a la puerta. Y sanó a muchos que estaban enfermos de diversas enfermedades, y echó fuera muchos demonios; *y no dejaba hablar a los demonios, porque lo conocían.*

Marcos 1.32-34

¿No es más bien el ayuno que yo escogí, desatar las ligaduras de impiedad, soltar las cargas de opresión, y dejar ir libres a los quebrantados, y que rompáis todo yugo? ¿No es que partas tu pan con el hambriento, y a los pobres errantes albergues en casa; que cuando veas al desnudo, lo cubras, y no te escondas de tu hermano?

Isaías 58.6-7

El ministerio de los apóstoles *(Figura 10.2)*

En un solo pasaje nos podemos dar cuenta de que los apóstoles habían comprendido las verdades de las que hablamos y las aplicaban para cada situación con la que se encontraron.

«En aquellos días, como creciera el número de los discípulos, hubo murmuración de los griegos contra los hebreos, de que las viudas de aquéllos eran desatendidas en la distribución diaria. Entonces los doce convocaron a la multitud de los discípulos y dijeron: *No es justo que nosotros dejemos la palabra de Dios, para servir a las mesas.* Buscad, pues, hermanos,

SER HUMANO INTEGRAL	EL MINISTERIO DE LOS APÓSTOLES
1 Ts 5.23 ESPÍRITU	HECHOS 6.4 "Y NOSOTROS PERSISTIREMOS EN LA ORACIÓN..."
ALMA	"Y EL MINISTERIO DE LA PALABRA."
CUERPO	HECHOS 6.7 " Y EL NÚMERO DE LOS DISCÍPULOS SE MULTIPLICABA GRANDEMENTE." EFESIOS 4.11-13

FIGURA 10.2

de entre vosotros a siete varones de buen testimonio, llenos del Espíritu Santo y de sabiduría, a quienes encarguemos de este trabajo. *Y nosotros persistiremos en la oración y en el ministerio de la palabra*» (Hechos de los Apóstoles 6.1-4).

El lenguaje que usan los apóstoles nos habla de la importancia que le dan a lo espiritual. «*No es justo* que nosotros dejemos la palabra de Dios para servir a las mesas».

«Nosotros *persistiremos* en la *oración* y en el *ministerio de la palabra*».

Y, el resultado no se hace esperar: «*Y crecía la palabra del Señor, y el número de los discípulos se multiplicaba grandemente en Jerusalén; también muchos de los sacerdotes obedecían a la fe*».

Hace muchos años, cuando comenzaba mi caminar en el Señor, tuve una experiencia que marcaría mi futuro. Solíamos hacer ciertos eventos como cruzadas evangelísticas, y contábamos en el grupo con una hermana, que realmente no conocía los principios de administración, ni era buena organizadora, pero era excelente para orar. Cuando le tocaba a ella el evento, pasaba días enteros orando y ayunando, al punto que parecía descuidar todo lo natural. Sin embargo pronto me di cuenta de que cuando ella tenía a su cargo el evento, este era mucho más exitoso que cuando los organizadores ponían más interés a lo natural que a lo espiritual. Este es un principio muy fácil de olvidar, porque resulta muy sencillo envolverse en el trabajo diario, sin embargo es un lujo que simplemente no podemos darnos.

Así hemos llegado al final de nuestro esquema y hemos logrado establecer la progresión que encontramos en el ministerio de Cristo y de sus apóstoles:

1. Oración (Ministerio a Dios)

2. Predicación del evangelio, la Palabra de Dios (Ministerio a la gente)

3. El fruto es un crecimiento que podemos calificar de sobrenatural.

11

El Ministerio del apóstol San Pablo

No quiero, hermanos, que ignoréis acerca de los dones espirituales.

1 Corintios 12.1

Porque el reino de Dios no consiste en palabras, sino en poder.

1 Corintios 4.20

Quiero compartir con usted el capítulo 19 del libro de Hechos de los Apóstoles, donde nos encontraremos con el ministerio del apóstol San Pablo, y expondremos su estrategia para la guerra y la victoria espiritual.

El capítulo da inicio con un recorrido del apóstol, que finaliza con su llegada a Éfeso. «Aconteció que entre tanto que Apolos estaba en Corinto, Pablo, después de recorrer las regiones superiores, vino a Éfeso…» (v. 1)

1. El primer principio que encontramos consiste en determinar el lugar o territorio clave para la toma de la nación o la ciudad. En algunos casos la capital de la nación es el lugar más importante y de mayor influencia. Tal es el caso de muchas capitales latinoamericanas, como México, Guatemala, Lima, Buenos Aires o Montevideo. En otros casos hay ciudades que sin ser las capitales, tiene mayor influencia en el país que la propia capital. Tal es el caso de Nueva York, Sao Paulo o Sidney. En este caso, una persona que busca tomar la nación para Jesucristo, deberá fijar sus ojos en la ciudad de mayor influencia. Notemos que no necesariamente es la de mayor tamaño sino mayor influencia. Pablo iba por Asia menor, y escogió Éfeso, la ciudad portuaria más importante y de mayor influencia en esa área. De hecho, Efeso era una de las tres ciudades más importantes del Imperio Romano. Otro dato que debemos mencionar es que a su entrada a la ciudad, Pablo no pudo evitar notar el carácter de la ciudad. Desde las intersecciones de las calles que se dirigían a Éfeso, notaría la estatua de la diosa Hecate, con un cuerpo y cuatro caras, cada una dirigida en dirección a una de las cuatro calles de la intersección. Estatuas de Fortuna por todas partes, y por supuesto de Artemis, o Diana, la deidad de Éfeso (definitivamente un espíritu territorial). Era evidente que la potestad que reinaba sobre esa área tenía un carácter femenino. Se sabe además, que en Éfeso una de las mayores industrias era la fabricación de ídolos, templecillos de Diana y libros o escritos de magia y hechicería. Un blanco perfecto para Pablo y la guerra espiritual.

«...y hallando a ciertos discípulos» (v. 1).

2. De inmediato la Palabra nos lleva al siguiente verbo: Hallar. Generalmente hallamos aquello que estamos buscando. Y eso es lo que encuentro en la estrategia de Pablo. Él quería hacerse de un grupo de apoyo, hoy se le llamaría un equipo de ministración o equipo apostólico.

...les dijo: ¿Recibisteis el Espíritu Santo cuando creísteis? Y ellos le dijeron: Ni siquiera hemos oído si hay Espíritu Santo. Entonces dijo: ¿En qué, pues, fuisteis bautizados? Ellos dijeron: En el bautismo de Juan. Dijo Pablo: Juan bautizó con bautismo de arrepentimiento, diciendo al pueblo que creyesen en aquel que vendría después de él, esto es, en Jesús el Cristo. Cuando oyeron esto, fueron bautizados en el nombre del Señor Jesús. Y habiéndoles impuesto Pablo las manos, vino sobre ellos el Espíritu Santo; y hablaban en lenguas, y profetizaban. Eran por todo unos doce hombres (vv. 2-7).

3. Sin preámbulos Pablo va directamente al grano y les pregunta si han recibido el Espíritu Santo, demostrando su interés por la tercera persona de la Trinidad y por el Bautismo del Espíritu. Yo interpreto este interés como la necesidad de nivelar el conocimiento y revelación de los discípulos, para poder tener una sola visión, y para descansar en el poder del Espíritu Santo. Por el otro lado nos encontramos con un grupo de doce hermanos que demuestran un corazón humilde y enseñable, le explican a Pablo sus limitaciones y le permiten ministrarles, recibiendo mediante la imposición de manos, al punto que hablaban en lenguas y profetizaban. De esta manera se hizo Pablo de un equipo ministerial y procedió de inmediato a ministrarles y entrenarles en el arte de la oración. Usted se preguntará de dónde concluyo que les enseñó acerca de la oración. De Efesios 6.18.

«Y entrando Pablo en la sinagoga, habló por espacio de tres meses, discutiendo y persuadiendo acerca del reino de Dios» (v. 8).

4. Pablo realiza su ministerio exactamente de la misma manera que Cristo. Exponiendo el único mensaje que nos es dado predicar: El evangelio del Reino de Dios. Ese Reino que se acercó a la tierra, y que fuera anunciado por Cristo, como el cumplimiento del tiempo que Dios había predeterminado de acuerdo a la voluntad divina (Marcos 1.14-15).

Desde el inicio mismo de su ministerio, hasta los últimos cuarenta días que Cristo pasó en la tierra (después de haber resucitado), ese fue su mensaje (Hechos de los Apóstoles 1.3).

El Reino de Dios tiene una manifestación sobre la tierra, y se trata de una manifestación de poder. El Reino de Dios ejerce presión sobre el reino de las tinieblas. Durante todo el antiguo testamento, se conoció poco acerca de los demonios, y no tenemos evidencia de alguien tomando autoridad y echando fuera un demonio, pero cuando el Reino de los cielos se acerca a la tierra, Jesús comienza a demostrar que el Reino de Dios prevalece sobre las tinieblas, y una manifestación de esa victoria es la derrota y expulsión de los demonios por el «dedo de Dios» (Lucas 11.20).

No podemos pensar que vamos a entrar en el territorio que ha pertenecido al enemigo, con nuestras propias fuerzas o nuestro mensaje. Se necesitan las armas que no son carnales, sino poderosas en Dios para expulsar al diablo de un territorio.

> «*Pero endureciéndose algunos y no creyendo, maldiciendo el Camino delante de la multitud,* se apartó Pablo de ellos y separó a los discípulos, *discutiendo cada día en la escuela de uno llamado Tiranno*» (v. 9).

En este pasaje se presenta la primera manifestación de la oposición del enemigo (El mensaje del reino siempre va a producir una reacción). Debemos notar la sabiduría del apóstol, que cuando ve que hay una resistencia tan fuerte que algunos llegan a maldecir a Cristo (el Camino), opta por separar a sus discípulos protegiéndolos y mudarse a otro lugar a donde pueda continuar su labor exponiendo su mensaje.

No es de extrañar que el enemigo ofrezca resistencia. Siempre podremos confiar que cuando el enemigo se levanta contra nosotros como río, Jehová levantará bandera contra él (Isaías 59.19).

La reacción de Dios a favor de Pablo no se hizo esperar.

«Y hacía Dios milagros extraordinarios por mano de Pablo, de tal manera que aun se llevaban a los enfermos los paños o delantales de su cuerpo, y las enfermedades se iban de ellos, y los espíritus malos salían» (vv. 11-12).

6. Como tampoco se hizo esperar el segundo ataque del enemigo, más maligno que el primero.

«Pero algunos de los judíos, exorcistas ambulantes, intentaron invocar el nombre del Señor Jesús sobre los que tenían espíritus malos, diciendo: Os conjuro por Jesús, el que predica Pablo. Había siete hijos de un tal Esceva, judío, jefe de los sacerdotes, que hacían esto. Pero respondiendo el espíritu malo, dijo: A Jesús conozco, y sé quién es Pablo; pero vosotros, ¿quiénes sois? Y el hombre en quien estaba el espíritu malo, saltando sobre ellos y dominándolos, pudo más que ellos, de tal manera que huyeron de aquella casa desnudos y heridos» (vv. 13-16).

7. Ante la derrota sufrida por el diablo en su primer intento, recurre ahora a la confusión, una manera más sutil de tratar de invalidar el mensaje que predica Pablo. Sin embargo, recordemos que Pablo tiene lo que hoy llamamos un grupo de intercesión. No constituye ninguna sorpresa que Dios transforme el ataque del enemigo en una mayor oportunidad para bendición. Por otro lado, nos hará mucho bien considerar que el nombre de Jesús tiene poder como producto de una relación, no se trata de algo automático o mágico para los que no le conocen.

«Y esto fue notorio a todos los que habitaban en Éfeso, así judíos como griegos, y tuvieron temor todos ellos, y era magnificado el nombre del Señor Jesús» (v. 17).

8. Cuando el apóstol San Pablo vio la acción de Dios, y que había venido temor sobre toda la ciudad, realizó lo que yo llamo su golpe maestro. Primero, ya sea por guía directa del Espíritu Santo, o por invitación de Pablo, hubo confesión

de pecados. Una acción poderosa si se tiene en cuenta que fue hecho públicamente.

«*Y muchos de los que habían creído venían, confesando y dando cuenta de sus hechos*» *(v. 18).*

9. En segundo lugar, hubo renuncia a la anterior manera de vivir, y una acción decisiva de cambio. Trajeron los libros de magia que contenían los hechizos, los encantamientos y las recetas de las diferentes pócimas con que practicaban el ocultismo. «Y los quemaron delante de todos», otra vez públicamente. Acá quiero introducir una definición que solamente mencionaré, debido a que ha sido esta definición la que me ha llevado a escribir un segundo libro, que tiene por objeto elaborar sobre los dos conceptos que la conforman: «*El objetivo de la Guerra Espiritual es el desplazamiento permanente de los poderes y la eliminación total de sus sistemas de supervivencia*».

«*Asimismo muchos de los que habían practicado la magia trajeron los libros y los quemaron delante de todos; y hecha la cuenta de su precio, hallaron que era cincuenta mil piezas de plata*» *(v. 19).*

10. Pablo se dio a la tarea de eliminar la magia (el ocultismo), que sin duda alguna «alimentaba» a los poderes, otorgándoles autoridad sobre el territorio debido a la flagrante violación de la ley de Dios. Al quemar los libros, los encantamientos, los hechizos y las fórmulas se perdieron, imposibilitando la recaída. Realmente se trataba de un golpe maestro, pues a la vez que la gente obtenía perdón de parte de Dios, los poderes sufrían una gran derrota, perdiendo su «fuente de poder». Aparte podemos también pensar que muchos demonios (recordar aquí la palabra *hypsoma*) que suelen habitar en ese tipo de libros y objetos, fueron expulsados. Y como si esto fuera poco, el precio de lo quemado era de cincuenta mil piezas de plata. Recuerde usted que con solo treinta piezas de plata que constituyó la paga que había recibido Judas por traicionar a Cristo, fue suficiente para

comprar un campo de tamaño suficiente para un cementerio (Mateo 27.3-9 y Hechos de los Apóstoles 1.18). Quiere decir que lo que quemaron ese día fue una verdadera fortuna, con la que hubiese alcanzado para comprar mil seis cientos sesenta y seis de esos terrenos. De manera que hasta económicamente se trató de un gran sacrificio a Dios, con un enorme costo para el diablo.

«Así crecía y prevalecía poderosamente la palabra del Señor» (v. 20).

11. El resultado fue glorioso. Pablo obtuvo la victoria y recogió los despojos. No es de extrañar que poderes de mayor jerarquía entraran a participar en la batalla.

«Hubo por aquel tiempo un disturbio no pequeño acerca del camino. Porque un platero llamado Demetrio, que hacía de plata templecillos de Diana, daba no poca ganancia a los artífices; a los cuales, reunidos con los obreros del mismo oficio, dijo: Varones, sabéis que de este oficio obtenemos nuestra riqueza; pero veis y oís que este Pablo, no solamente en Éfeso, sino en casi toda Asia; ha apartado a muchas gentes con persuasión, diciendo que no son dioses los que se hacen con las manos» *(vv. 23-26).*

12. El ataque del enemigo se fragua a través de la codicia, tan a menudo presente en los planes del diablo. No en vano dice la palabra que «raíz de todos los males es el amor al dinero» (1 Timoteo 6.10). Pero la codicia parecería una fuerza común si no viniera acompañada de dos elementos adicionales: La idolatría, y el objeto de esa idolatría: Diana de los efesios. Ahora podemos entender que Pablo tuvo que pelear la batalla en los tres niveles de los que nos habla el Dr. C. Peter Wagner. El primer nivel, consistente en el ministerio de liberación. El segundo, que trata con el ocultismo, y el tercero, llamado nivel estratégico, desafiando a los poderes cósmicos.

Notemos también que Pablo luchó en los tres campos de batalla: Destruyó los libros que constituían el punto de contacto físico con las estructuras y los poderes (v. 19). Enfrentó las estructuras en la mente de la gente (v. 26) respecto a la idolatría, y ahora desafía a los poderes.

> Y no solamente hay peligro de que este nuestro negocio venga a desacreditarse, sino también que el templo de la gran diosa Diana sea estimado en nada, y comience a ser destruida la majestad de aquella a quien venera toda Ásia y el mundo entero (v. 27).

13. Me parece muy revelador que Demetrio tema que la «majestad», la autoridad de Diana venga a ser destruida. Es decir, que esta potestad descienda de su lugar (alto) de autoridad. En nuestro lenguaje moderno diríamos que Diana está perdiendo fuerza y se encuentra a punto de ser derribada, porque los poderes y las estructuras que la sostenían han sufrido el ataque demoledor de Pablo.

> Cuando oyeron estas cosas, se llenaron de ira, y gritaron, diciendo: ¡Grande es Diana de los efesios! Y la ciudad se llenó de confusión, y a una se lanzaron al teatro, arrebatando a Gayo y a Aristarco, macedonios, compañeros de Pablo (v. 28).

14. Es un hecho comprobado que la idolatría produce confusión, y de esa manera usa a la gente, que, como nos muestra el siguiente versículo, muchas veces ni siquiera sabe por qué hace lo que hace.

> Unos, pues, gritaban una cosa, y otros otra; porque la concurrencia estaba confusa, y los más no sabían por qué se habían reunido (v. 32).

15. Por último nos damos cuenta que Diana se tambalea, y que necesita el poder de la alabanza, así que con conocimiento o sin él, la multitud confundida provee a esa potestad de la «fuente de poder» que tanto necesita.

...todos a una voz gritaron por casi dos horas: ¡Grande es Diana de los efesios! (v. 34).

16. Ahora hemos completado el cuadro. Pablo ha derribado las fortalezas y altiveces, ha destruido los puntos de contacto físicos, y como consecuencia la potestad imperante, Diana (de la cual el teólogo Clinton Arnold explica «muy bien puede haber sido la potestad gobernante sobre todo el Imperio Romano»), ha perdido su poder.

El resultado es absolutamente sobrenatural:

Así continuó por espacio de dos años, de manera que todos los que habitaban en Asia, judíos y griegos, oyeron la palabra del Señor Jesús *(v. 10).*

Sabemos por la historia, que fue el apóstol San Juan quien pastoreó la iglesia en esta ciudad, la cual llegó a tener una membresía de veinte mil personas. También sabemos que fue el apóstol San Juan quien desafió directamente a la Diosa Diana y le venció, al punto que su altar se rompió en pedazos, y la mitad del templo cayó a la tierra.[1]

---

1. Le recomiendo leer:
    • «El Comentario del Libro de Hechos de los Apóstoles», escrito por el Dr. C. P. Wagner Tomo 3, *(Blazing the way),* de Regal Books. ISBN 0-8307-1722-6
    • «*Ephesians: Power and Magic*», escrito por Clinton Arnold de Baker Book House, ISBN 0-8010-2143-X
    • «*Christianizing the Roman Empire*», escrito por Ramsay MacMullen, de Yale University Press. ISBN 0-300-03642-6

Conclusión

Y el mismo Dios de paz os santifique por completo; y todo vuestro ser, espíritu, alma y cuerpo, sea guardado irreprensible para la venida de nuestro Señor Jesucristo.
1 Tesalonicenses 5.23

Hemos llegado al final de nuestro viaje, que nos ha llevado a través de ciertas verdades relativas al tema de la guerra espiritual. Quiero ahora compartir con usted una conclusión, que constituya una invitación a la práctica de estos preciosos principios, y nos encamine a un segundo tomo, que estamos preparando.

Senderos proféticos

De nuevo, aprovecharé un material que escribí para el libro «*El Poder Transformador del Avivamiento*» que editamos con motivo del Gran Congreso Mundial que tuvo lugar en Octubre pasado en Guatemala.[1]

---

1. «*El Poder Transformador del Avivamiento*» Estrategias Proféticas para el Siglo XXI Editado por Harold Caballeros y Mell Winger, Editorial Peniel, Buenos Aires, Argentina. ISBN 987-9038-24-X

La década de los noventa se ha identificado con el movimiento de oración y guerra espiritual. No cabe duda de que Dios ha puesto énfasis en estos tópicos en la iglesia. Muchos de nosotros hemos tenido el privilegio de participar en el movimiento mundial de oración que el Espíritu Santo provocó en todos los continentes de la tierra. Durante los años anteriores hemos aprendido mucho, y personalmente creo que le ha llegado la hora de la madurez a este movimiento. Siento que hemos alcanzado el momento de unificar criterios y obtener conclusiones. Ha llegado el tiempo de definir estrategias basadas en lo que hemos aprendido y poder proyectarnos hacia el futuro de la mano del Espíritu Santo.

Personalmente, me ha tocado vivir, junto con la iglesia local que pastoreo, una serie de circunstancias que han ido dando forma a mi manera de pensar respecto a los temas de la intercesión, la guerra espiritual y el evangelismo. Me ha tocado transitar un camino en el cual el Espíritu Santo me ha desafiado una y otra vez. Se ha tratado de un proceso continuo de desafío, enseñanza y práctica; una y otra vez. Estos desafíos, y los frutos de la continua búsqueda de Su rostro, han quedado plasmados en la historia de nuestro ministerio y se han traducido en enseñanzas que el Señor nos ha permitido compartir en muchos países.

El proceso cronológico de lo que hemos vivido, da forma hoy al orden en el que le presentaré los temas que constituyen las conclusiones a las que he llegado en estos años.

Permítame recordarle que la perspectiva que aporto, es la del pastor de una iglesia local, y déjeme guiarle por este camino, que nos tomó lo que va de la década.

Cartografía espiritual

Tal y como le conté en el capítulo primero, nuestra primera exposición al tema de la guerra espiritual se debió al encuentro «fortuito» de un monumento precolombino en el terreno de nuestra iglesia: El Gran Montículo de la Culebra del Valle de Guatemala. El monumento era un reflejo de una potestad a la cual le habían ofrecido su lealtad los primeros habitantes de lo que hoy constituye el Valle de Guatemala. Su nombre: Quetzalcoátl, la serpiente voladora o serpiente emplumada.

Nuestro país había sido entregado, dedicado a esta potestad. Lo que vino a continuación, fue aun más revelador. Las características de este dios, se reflejaban en toda nuestra sociedad. Así descubrimos el principio enunciado por el apóstol San Pablo en el capítulo primero del libro de Romanos. Podemos percibir lo invisible, a través de las cosas visibles.

Comenzamos a descubrir que lo físico, lo natural, revelaba las fuerzas espirituales, invisibles que le habían dado origen. Poco a poco nos dimos cuenta que la raíz de los problemas que nuestro país atravesaba coincidían exactamente con los «pactos» realizados entre los habitantes (mayordomos) de esta tierra y los «poderes» que ellos adoraban.

De inmediato comenzamos un proyecto de oración llamado «Jesús es Señor de Guatemala». La misión: Reclutar un ejército de oradores, creyentes que oraran una hora al día por Guatemala. El objetivo: Redimir a nuestra nación para entregársela a Jesucristo.

La conclusión más importante a la que llegamos fue la comprensión de que los poderes, que por definición carecen de cuerpo, no pueden sujetar a esclavitud a hombres de carne y sangre de una forma directa. Es necesario para ellos usar el poder que procede del alma.

Aprendimos que una potestad o un principado (Efesios 6.12), que tiene ciertas características, opera generando fortalezas, argumentos o altiveces. Es decir, ejerce su influencia a través de conceptos, ideas o ideologías (2 Corintios 10.4-5), que llegan a constituir la mentalidad o manera de pensar prevaleciente en esa comunidad. Me gusta llamar a esto la cultura de ese conglomerado social. Y es la manera de pensar, la que lleva a las personas a la esclavitud.

Alguien me preguntó: «¿Cuál es la utilidad de la cartografía espiritual?» Yo le respondí: «Conocer la realidad de lo que enfrentamos».

Jeremías 1.10 nos manda a derribar, arrancar, destruir y arruinar, para edificar y plantar. ¿Cómo vamos a cumplir esta Palabra, si no sabemos con qué fuerzas estamos tratando?

Una enseñanza vital fue: *«La cartografía espiritual no es un fin en sí misma. Solamente se trata de una herramienta para la guerra espiritual».*

El mapeo espiritual es para el intercesor lo que una radiografía es para el médico. Es un medio para obtener un diagnóstico de la realidad espiritual que afecta nuestras comunidades.

Guerra espiritual

Lo que aprendimos a través del mapeo espiritual nos dio los elementos necesarios para orar efectivamente por nuestra nación. Entendimos cuáles eran las necesidades reales. Las raíces de los diferentes problemas, y sobre todo, los elementos de tinieblas que mantienen a las personas en la esclavitud de la incredulidad (2 Corintios 4.4), y resisten al evangelio de Cristo.

El plan de intercesión «Jesús es Señor de Guatemala» experimentó gran bendición. La nación completa fue sacudida por las respuestas de Dios a las oraciones de los santos. Experimentamos grandes cambios en diferentes áreas de la sociedad. Hubo grandes bendiciones en lo político, en lo social y aun en lo económico en el país. La misericordia de Dios nos permitió entrar en el área de la intercesión profética; el matrimonio del sacerdocio y lo profético. Nos involucramos de lleno en la oración, el ayuno y la intercesión por la nación.

Todo parecía estar muy bien, hasta que tuve una conversación con un miembro de la iglesia que aprecio mucho. Me preguntó: «¿Has visto que la iglesia del pastor fulano de tal está creciendo?», yo respondí: «Sí, he escuchado que está creciendo». Volvió a preguntar: «¿Y escuchaste que la iglesia tal y tal también está creciendo?» Yo asentí de nuevo, pero probablemente no estaba preparado para la próxima pregunta. «¿Y cómo es que nosotros oramos y oramos y no crecemos?» Debo decirles que la pregunta realmente llegó a la meta. Esto es lo que yo llamo las pequeñas llamadas de atención y desafíos del Espíritu Santo.

De inmediato comenzó en mí la búsqueda de una respuesta. Ciertamente estábamos orando, y cada batalla se veía coronada con una victoria, pero la iglesia local en sí, no estaba creciendo, como es el deseo natural de todo pastor. ¿Qué estaba sucediendo?

La respuesta no tardó en venir, «*la guerra espiritual no es un fin en sí mismo. Solamente se trata de una herramienta para lograr evangelismo efectivo*».

He llegado a comprender que la guerra espiritual se pelea en tres frentes de batalla.

1. *La guerra en los aires*. La batalla que se lleva a cabo en oración en contra de las potestades. Esta puede contener oración, ayuno e intercesión. Pero también puede llevar la realización de actos proféticos, arrepentimiento identificativo, etcétera.

2. *La guerra en el alma o mente de los hombres*. Esta es específicamente la destrucción de fortalezas. Acá es donde se derriban los argumentos, los conceptos, las altiveces que se han levantado contra el conocimiento de Dios.

3. *La guerra en el corazón del hombre*. Acá es necesario enfatizar conceptos que son vitales para el Cuerpo de Cristo, tales como la santidad personal y la unidad del cuerpo.

Hemos llegado a diseñar un sistema muy efectivo para librar la batalla simultáneamente en los tres frentes. Aprovechamos cada servicio de la iglesia, y disponemos de un grupo distinto para cada frente de batalla. Los intercesores y yo nos podemos de acuerdo antes del servicio, y ellos se dedican a atar las fuerzas del maligno, y desatar la unción de Dios sobre la congregación que nos escucha en el Santuario, y la que nos sintoniza a través de la radio. Mientras ellos proceden a atar a los espíritus en los aires, yo me dedico a predicar, derribando las fortalezas en las mentes de las personas de la congregación, usando como arma la espada del Espíritu, la Palabra de Dios. Y un tercer equipo, de ministros se alista para recoger la cosecha, ministrar salvación, liberación y toda necesidad que se presenta en aquellos que reaccionan a la Palabra de Dios. He notado personalmente el gran apoyo que significa tener a los intercesores orando mientras yo predico.

El evangelismo

Cualquier creyente comprende que la razón de que estemos aún «en el mundo» obedece a la necesidad de evangelizar aquellos que aún no conocen a Cristo. No estamos aquí para alcanzar un grado mayor de salvación, ni de santidad que el que la sangre de Cristo ya obtuvo para nosotros. No hay nada que podamos nosotros mejorar. ¿Cuál entonces es la razón de nuestra existencia sobre la tierra? Es lo que comúnmente llamamos «La Gran Comisión» (Mateo 28.19).

Llegué a comprender la necesidad de unir los conceptos de guerra espiritual y evangelismo, dentro del marco de una iglesia local de una manera práctica.

Pronto, muy pronto comenzamos a tener grandes cantidades de personas salvas. Las caminatas de oración, los tiempos de ayuno e intercesión, sujetaron a las fuerzas de las tinieblas. El hombre fuerte fue atado, vencido y comenzamos a recibir el botín. Muchas personas se entregaron a Cristo en todas las reuniones. Aparentemente habíamos encontrado la solución. Pero todavía faltaba algo. Muchos de los nuevos conversos no regresaban más a la iglesia. Tratábamos con diferentes métodos, pero parecía que faltaba algo más.

El discipulado: Asimilación de nuevos creyentes

De inmediato nos dispusimos para buscar la dirección del Espíritu Santo de nuevo, para organizar a la iglesia local para crecer. El plan: Integrar los conceptos que habíamos aprendido de guerra espiritual, oración e intercesión, con el evangelismo, dentro de la estructura de células que ya teníamos en la iglesia. Lo que yo estaba descubriendo eran ni más ni menos que los principios que llevaron a la Iglesia del Evangelio Completo de Yoido a ser la iglesia más grande del mundo, bajo el liderazgo del Dr. David Yonggi Cho.

El resultado fue espectacular. Pronto nuestras células se convirtieron en grupos evangelísticos que aplicaron los principios de la guerra espiritual para obtener un evangelismo eficaz. Ahora estábamos aplicando el principio de «asimilación de nuevos creyentes». Las células resultaron ser el método apropiado, para cumplir la gran comisión a nivel local. Dios no nos llamó a hacer conversos. Dios nos llamó a hacer discípulos. Tener un gran número de conversos no es suficiente. Es necesario aprender a caminar el camino del discipulado.

Ahora teníamos el vehículo para evangelizar a las personas, quienes una vez habían recibido a Cristo, proseguían un plan de discipulado y servicio a Dios, lo cual los conducía a convertirse en «evangelistas». Fantástico.

Tuvimos una celebración, en la que se presentaron los logros del año recién terminado. Al ver las gráficas proyectadas en la pantalla, ya casi no podía contener mi emoción. Era evidente el salto que daba la gráfica de crecimiento cada vez que se realizaban actividades de guerra espiritual. En una ocasión, en un solo sábado hubo más de ochocientas personas salvas, y la gran mayoría se añadieron a la iglesia. Nuestros conceptos cambiaron, al punto de que ya no hablábamos de salvos. Ahora nos referíamos al número de personas añadidas a la iglesia. Pronto fueron cien a la semana, luego ciento veinte, ciento cuarenta, hasta doscientas treinta personas ¡a la semana!

Parecía que ahora sí teníamos todos los elementos reunidos. Pero... el Espíritu Santo trajo otro desafío.

El discipulado: La educación cristiana

Pocas cosas nos impresionan tanto como los actos soberanos de Dios. Tal parece que Él aprovecha toda circunstancia en nuestra vida para irrumpir, y traer apertura, crecimiento y expansión a nuestra mente.

Tuve un problema muy grande debido a la construcción de nuestro templo. Otra vez el conflicto tenía su origen en conexión con el Montículo de la Culebra del Valle de Guatemala. Sin embargo, esta vez, se trató de un gran problema legal que casi me lleva a la cárcel. Esperando una audiencia con el juez a cargo del caso, debí quedarme cuatro días en mi casa. Fue un tiempo de gran presión, pero probablemente una de las oportunidades de mayor bendición en mi vida.

El Señor me sorprendió una vez más. «Así que quieres tomar la nación para el evangelio», me dijo. Después de asegurarse de que esta es la visión de nuestra vida, Él añadió: «Voy a revelarte el arma más poderosa para la toma de una nación: *La educación cristiana*.

Nosotros habíamos tenido en la iglesia un colegio por diez años, pero debo reconocer que la visión jamás estuvo en mí. Mi esposa y mi cuñada cargaron con la visión todos esos años. Yo no había recibido la revelación.

Los próximos dos argumentos del Señor fueron impresionantes. El primero fue aclararme que el error de la iglesia cristiana consiste en «ir por la generación pasada, y no, por la generación futura». Se invierte en toda clase de planes para los adultos, y se pone muy poco interés en los niños. El segundo, consistió en traerme a la memoria una experiencia que yo había tenido años atrás durante un viaje al Reino Unido.

Después de ministrar en la ciudad de Nottingham tuve la oportunidad de visitar Gales. Tenía yo un deseo muy grande de visitar el Instituto Bíblico de Gales. Me motivaban dos razones de gran importancia para mí. La primera debida al impacto tan profundo que había hecho en mí la lectura del libro «*Rees Howells Intercesor*» y la segunda, el interés de visitar la ciudad donde se dio el avivamiento de Gales de principios de siglo.

Una vez más, me encontré poco preparado para la impresión que el Señor quería hacer en mí. Fuí recibido en la estación de tren por el asistente del Rev. Samuel Howells, y mientras me conducía al Instituto, pude ver como mis ojos las preciosas iglesias. Edificios antiguos cuya arquitectura aprecio tanto. Sin embargo la sorpresa fue mayúscula al ver que algunos habían sido convertidos en restaurantes, otros estaban en venta, y algunos hasta habían sido convertidos en mezquitas musulmanas. Ante mi sorpresa, se me informó que al presente aproximadamente uno de cada cien habitantes es cristiano. ¡Qué tragedia para un lugar que fue testigo del poder de Dios de tal manera que en seis meses se convirtió medio millón de personas! Mi conclusión fue la frase que todos hemos oído: «Dios no tiene nietos».

Si no se pone interés en afectar a la próxima generación, si no se educa a los niños en La Palabra de Dios, si cada vez que se cumple un ciclo generacional se debe evangelizar de nuevo a los hijos de los que fueron creyentes, será muy difícil «hacer discípulos a todas las naciones».

Quisiera hacerle una pregunta muy simple: «¿Qué es más fácil, derribar, arruinar, arrancar y destruir fortalezas y argumentos de la mente de una persona, o tener una mente infantil que aún no ha sido contaminada y que se encuentra lista para sembrar la Palabra de Dios?» La respuesta es obvia. *Sin la educación cristiana, todo avivamiento está condenado a vivir únicamente por una generación.*

Transformación de las comunidades

Fui invitado por el ministerio del hermano George Otis, Jr., para predicar en un Congreso que él realizó en la ciudad de Seattle, en noviembre de 1997. La presión que había sobre mí el día que llegué al congreso era grande. Soy una persona que tiene mucha facilidad para transmitir aquello en lo que creo. Pero si no estoy persuadido, encuentro imposible proclamar algo como verdad, si yo mismo no estoy convencido. Le debo a mi padre natural, el haber sembrado en mí una serie de principios que simplemente no soy capaz de traicionar.

Debido precisamente a esos principios, abordé de inmediato a George y le dije: «Necesito hablarte antes del inicio del congreso. Estoy teniendo una enorme dificultad con muchas cosas a las cuales hoy llaman guerra espiritual. Cuando la Biblia menciona victorias espirituales, los resultados son evidentes y se pueden medir». Me encontraba yo muy preocupado a causa de escuchar testimonios de batallas espirituales que carecían de una genuina aplicación.

«El movimiento entero está en peligro, si no encontramos una manera de ligar lo que hacemos a resultados claros y concretos que se pueden comprobar», dije. George comprendió mi inquietud, creo que apreció mi sinceridad, y con la amabilidad que le caracteriza sacó de su maletín una hoja y me dijo: «Eres el primero a quien enseñaré este documento. Estoy trabajando en un concepto que nace de la misma preocupación que tú me has expresado. Le he llamado 'Transformación de comunidades'. Una manera de medir el impacto que producen nuestras oraciones en una comunidad».

Sentí un alivio inmenso. Se trataba de la respuesta a mis inquietudes. Ahora tendríamos un medio de dar dirección profética a todos aquellos interesados en orar, interceder y «tomar» sus ciudades y naciones para Cristo. Ahora contábamos con una escala para medir los resultados.

La guerra espiritual es una parte, tan solo un engranaje en la maquinaria de Dios para bendecir a la tierra y sus habitantes. El avivamiento, fruto del clamor de los santos, es otra parte de esa maquinaria. La educación cristiana, una manera de asegurar que el avivamiento afecte a las generaciones futuras. La reforma y la restauración de las comunidades, una manera de medir el impacto de un avivamiento.

Movimientos del pasado, como la Reforma del siglo XVI y grandes avivamientos como el de Gales, confirman nuestra creencia acerca de que la transformación es un resultado real y tangible del mover de Dios y, a juzgar por las condiciones de nuestra sociedad, desesperadamente necesario.

El avivamiento y el impacto social

Creemos que si nuestras oraciones son dirigidas por el Espíritu Santo, encontrarán respuesta de parte de Dios. Como es el caso de Daniel (Daniel 9 y 10), las respuestas traerán un mover del Espíritu Santo; lo que nosotros llamamos un avivamiento, un despertar. Si se produce ese avivamiento, tan deseado por todos nosotros, tenemos derecho a esperar un impacto, un efecto. Una transformación.

La historia nos muestra que los avivamientos fueron fuentes de grandes cambios en todo nivel de la sociedad. Una y otra vez el mover de Dios, el avivamiento produjo reforma, y la reforma trajo restauración.

Los avivamientos trajeron un nuevo despertar, que produjo en muchas ocasiones, verdaderas revoluciones en el área del evangelismo, la educación cristiana y el ministerio social. Grandes universidades, hospitales y templos, son hoy testigos del mover del Espíritu Santo en épocas pasadas.

Pero quizás el factor que más me llama la atención es comprobar que durante un avivamiento, el evangelio logra permear la sociedad y su manera de pensar. En otras palabras, las fortalezas y los poderes que las producen son removidos por el poder de Dios, y mientras los cielos son abiertos, la forma de pensar cambia, alineándose a la Palabra de Dios. Recuerdo cómo me impresionó escuchar una declaración de Thomas Jefferson (el célebre redactor del Acta de Independencia estadounidense), donde él reconoce que su pensamiento era un producto de la mentalidad imperante en la sociedad de su tiempo, es decir, el cristianismo, el pensamiento bíblico.

Estoy absolutamente persuadido de que el verdadero avivamiento es aquel que produce un efecto social, una transformación. En la ciudad milagro de Almolonga el proceso comenzó (tal y como en el capítulo 19 del libro de Hechos de los Apóstoles) por el discipulado y la oración. Luego se pasó a la práctica consistente del ministerio de liberación: Así se afectaron los poderes de Maximón, el espíritu territorial cuyo imperio fue removido (guerra espiritual) y provocó que los cielos abiertos trajeran un gran avivamiento (evangelismo). Ese avivamiento transformó la vida (produciendo vida eterna) y la cultura (la manera de pensar) de la gente, cambiando sus hábitos y costumbres, y llegó hasta el extremo de afectar los elementos naturales, convirtiendo la tierra de Almolonga en el valle más fértil del país. Ciertamente se trata de un ejemplo maravilloso de Dios, un laboratorio que nos permite testificar que «nada es imposible para Dios».

El gran desafío de Dios está delante de nosotros. ¿Desea usted una transformación divina para su nación? Ruego a Dios que los conceptos que hemos compartido en este libro, hagan una diferencia en su vida y en su nación.

Para contactar al autor:

Pastor Harold Caballeros
Iglesia El Shaddai
4 cta Calle, 23-03 Zona 14
Guatemala Ciudad 01014
Guatemala

www.elshaddai.net

Notas

Notas

Notas

Notas

Notas

Notas

Notas

Notas

04-10-00
Nancy y Jorge....